AF314659

# LES CONCEPTIONS

## MÉTHODOLOGIQUES ET SOCIALES

### DE

# Charles FOURIER

## LEUR INFLUENCE

PAR

## M. Maurice LANSAC

Docteur en Droit

PARIS
LIBRAIRIE PHILOSOPHIQUE J. VRIN
6, PLACE DE LA SORBONNE (Vᵉ)

1926

# LES CONCEPTIONS

## MÉTHODOLOGIQUES ET SOCIALES

### DE

## CHARLES FOURIER

PAR

M. Maurice LANSAC

# LES CONCEPTIONS

## MÉTHODOLOGIQUES ET SOCIALES

### DE

## CHARLES FOURIER

### LEUR INFLUENCE

PAR

## M. Maurice LANSAC

Docteur en Droit

PARIS

LIBRAIRIE PHILOSOPHIQUE J. VRIN

6, PLACE DE LA SORBONNE (Vᶜ)

—

1926

# AVANT-PROPOS

Parler de l'influence des conceptions de Fourier
et de ses disciples sur les idées économiques et politiques contemporaines, prétendre indiquer ce que
les réalisations économiques et politiques actuelles
doivent à ces pensées et aux actes qui en décou-
lèrent, cela peut paraître, à première vue, bien
paradoxal. Il y a plus d'un siècle que le principal
ouvrage de Fourier a paru en librairie, et, depuis,
les formes économiques et politiques des sociétés
humaines semblent avoir subi de tels changements
que toutes les anticipations de cet « Arioste des
Utopistes » (1) peuvent bien avoir vieilli, et ne plus
correspondre aux nécessités présentes. Ce n'était
certes pas l'opinion de Karl Marx et d'Engels.
Marx rendait volontiers hommage à ce qu'il appelait « le génie de Fourier » et Engels, lorsqu'il défen-
dait le Socialisme utopique et le Socialisme scientifique, pensait certainement à la doctrine phalanstérienne qu'il avait contribué à vulgariser dans
sa jeunesse : « Nous, écrivait-il, nous mettons notre
joie à rechercher les germes de pensées géniales que
recouvre cette enveloppe fantastique (l'enveloppe
fantastique ne recouvre que les écrits de Fourier),
et pour lesquels ces Philistins n'ont point d'yeux ».

---

(1) Sous la Restauration, un publiciste avait appliqué ce qualificatif à Fourier, qui en fut très flatté.

Arnold Ruge, collaborateur et ami de Marx, déclarait Fourier « le père du Socialisme », expression que Marx reproduira en 1873 sous la forme plus biblique de « patriarche du Socialisme ». M. Georges Sorel va encore plus loin dans sa préface de l'Histoire des Bourses du Travail par Pelloutier, puisqu'il énonce que l'influence de Fourier a été plus grande qu'on ne l'estime communément, et que tous les français sont fouriéristes sans le savoir. Dans l'autre camp, on rencontre des appréciations aussi élogieuses, car M.M. Paul Leroy-Beaulieu et Jules Simon déclarent Fourier un homme de génie. Les appréciations de personnes aussi autorisées, qui avaient lu les œuvres de l'écrivain dont elles parlaient, méritent qu'on leur prête quelque attention, d'autant qu'elles font saisir la complexité de l'œuvre de Fourier, que tous les partis, comme tous les doctrinaires, pourraient revendiquer pour un des leurs.

L'impartialité oblige cependant à reconnaître que Fourier ne fit, quelquefois, que donner une forme nouvelle à des conceptions anciennes. Courtier, voyageur de commerce, et placier en vins, il pensa à tort que les procédés de réclame commerciale devaient être utilisés dans la propagande des idées. Pour attirer l'attention publique, il emprunta à Képler et à d'autres « cosmogones » une série de fantaisies qu'il systématisa ; mais dans ses manuscrits inédits Fourier indique expressément qu'il ne faut prendre qu'au figuré ces prétendues anticipations, ces nouvelles créations etc... (1).

(1) Voir à la Cote supplémentaire de l'Inventaire des papiers

Comme je suis le premier à expliquer « l'énigme »
de Fourier, je ne saurais incriminer les écrivains qui
ont parlé de sa folie ; mais, ce point éclairci, je me
permets d'espérer qu'on ne parlera pas plus doréna-
vant de la démence de cet écrivain qu'on ne parle
de celle de Jonathan Swift, qui nous a pourtant
gravement conté les aventures de Gulliver aux
pays de Lilliput, Laputa etc. Cette démonstration
a de plus une autre utilité, celle d'engager certaines
personnes à ne pas chercher à justifier scientifique-
ment certaines fantaisies romanesques, analogues
à celles que l'ami de jeunesse de Fourier, le vaude-
villiste Martainville (plus tard directeur du *Drapeau
blanc*), mettait dans ses féeries.

Cela écarté, on s'apercevra que Fourier a exposé
une foule d'idées justes sur l'ensemble des connaissances humaines : il fit sur la vie sociale des observations qui sont d'une exactitude frappante, et il
eut le courage de les exprimer sans réticences, enfin
il examina un grand nombre de problèmes dont
une intuition géniale lui permit de donner la solution. A juste titre il attachait une importance particulière à sa théorie du cours du mouvement
social, et à celle du travail attrayant, conceptions
connues maintenant sous le nom d'Interprétation
économique de l'histoire et de Système Taylor

et manuscrits de Fourier la fin du cahier 2 : « preuve que ne
savent rien inventer. Solariens. *Prennent figuré à la lettre.*
Amazone fleuve de sucre, mer changée. Cur non. » Fourier veut
dire qu'en Harmonie, le bassin du fleuve des Amazones pro-
duira tellement de sucre que l'Amazone, qui servira à trans-
porter ces produits en Europe, sera comme un fleuve de sucre,
et la mer, comme un océan de limonade, etc...

perfectionné. Quelque temps avant sa mort, Considerant me déclarait que cette partie de l'œuvre de Fourier resterait dans le domaine des connaissances humaines.

Enfin, si le rôle de Fourier fut souvent en apparence rétrograde, il n'en a pas été de même pour l'Ecole Sociétaire, c'est-à-dire pour l'ensemble des personnes qui ne connaissant qu'une partie de ses idées, les interprétèrent selon leurs propres pensées et leurs propres désirs, et les accommodèrent aux nécessités de l'époque où elles vivaient. Par une évolution normale, mais curieuse, il en sortit la conception de la démocratie pacifique, la réorganisation du travail industriel, l'urbanisme, la lutte contre la féodalité financière, les associations ouvrières de production et de consommation, les essais d'association intégrale comme le Familistère de Guise, bref le Socialisme moderne suivant la prévision de Ruge (le collaborateur et ami de Karl Marx) et l'affirmation de M. Paul Leroy-Beaulieu. Dans cette adaptation des idées de Fourier, la part prépondérante revient à Victor Considerant, sans qui l'Ecole Sociétaire n'eut été qu'une secte obscure, et à Godin, dont la réalisation industrielle montra que les conceptions de Fourier, judicieusement interprétées, n'étaient pas des utopies.

Cette influence de l'Ecole Sociétaire sur le mouvement social a été affirmée par les membres de l'Ecole, mais elle a été niée par beaucoup d'écrivains : des éclectiques ont déclaré en attendre la démonstration.

« L'Ecole Sociétaire, écrivait le docteur Barrier,

a pris plus de part qu'on ne le croit généralement à l'éclosion des grandes idées contemporaines et aux essais des Sociétés coopératives dont nous sommes aujourd'hui témoins ». Mais, de son côté, M. Hubert Bourgin écrit à la page 582 de son ouvrage si consciencieux sur Fourier : « Cette absence de témoignages au sujet de l'action de la doctrine fouriériste sur les faits sociaux et l'évolution sociale n'infirme en rien l'accord possible de la doctrine avec cette évolution ; mais la démonstration de cet accord est subordonné au travail ultérieur de la science ». Je vais essayer de prouver l'affirmation du docteur Barrier, ancien chirurgien en chef des hôpitaux de Lyon, un des disciples les plus sincères et les meilleurs de ce véritable philosophe que fut Charles Fourier, et de montrer que le développement des germes semés par l'Ecole Sociétaire, s'est continué après le déclin de cette Ecole. Je suis obligé de borner ici cette démonstration à la méthodologie et à l'interprétation économique de l'histoire, mais j'espère pouvoir publier ultérieurement le complément de ce travail.

Les références faites aux écrits de Fourier et de l'Ecole Sociétaire, ainsi que les nombreuses citations de cet exposé m'obligent à le faire précéder de quelques indications bibliographiques succinctes, d'autant plus nécessaires qu'il n'existe aucun travail de ce genre en dehors de la *Bibliographie socialiste* de Stammhamer, recueil de titres d'ouvrages, brochures et articles.

# Les œuvres de Fourier
# et de l'Ecole Sociétaire française

## CHAPITRE I

## Les œuvres de Fourier

Les œuvres de Fourier peuvent se classer en volumes, brochures, articles de journaux et de revues, manuscrits inédits et correspondance.

ARTICLE I<sup>er</sup>. — **Volumes**

Ce sont : la *Théorie des quatre Mouvements* 1 vol, paru en 1808 et réimprimé en 1840, *Le Traité de l'Association Domestique Agricole* paru en deux volumes en 1822 et réimprimé en quatre volumes en 1841 sous le titre de *Théorie de l'Unité Universelle, le Nouveau Monde Industriel et Sociétaire* paru en 1829, et réimprimé plusieurs fois, la *Fausse Industrie* en deux volumes parus en 1835, quatre volumes intitulés *Manuscrits*, publiés de 1851 à 1858 et deux volumes d'extraits, publiés en 1849 sous le titre de *L'Harmonie Universelle et le Phalanstère.*

## I. - Théorie des Quatre Mouvements

La *Théorie des Quatre Mouvements* (inorganique, organique, social et supra-sensible) est le premier volume publié par Fourier. Cette théorie proprement dite ou connaissance abstraite de l'évolution sera exposée au cours de ce travail.

Il est vraisemblable que le fond de cet ouvrage a été constitué par les minutes de causeries faites dans des loges maçonniques ou dans des sociétés similaires (à déterminer). Fourier déclare d'ailleurs dans ses manuscrits qu'il faisait à cette époque des conférences sur sa doctrine, et un « intermède » de la *Théorie des Quatre Mouvements* est consacré à la *Franc-Maçonnerie*, qui aurait été susceptible, selon Fourier, de rénover le monde social, si elle avait modifié un peu son organisation et son fonctionnement. (Il s'agissait bien entendu de la Franc-Maçonnerie du premier Empire, peut-être même de certaines loges, irrégulières survivances de celles qui comptaient parmi leurs membres Montesquieu et la princesse de Lamballe).

La *Théorie des Quatre Mouvements* a fait, en 1891, l'objet d'un cours d'un an par M. Paul Leroy-Beaulieu au Collège de France. J'y menai Considerant, qui trouva l'exposé clair, mais peu enthousiaste. Si l'on en juge par l'usure des exemplaires mis à la disposition des lecteurs, c'est l'ouvrage de Fourier qui paraît être le plus demandé dans les bibliothèques publiques.

Ce traité est divisé en trois parties. La première intitulée Exposition se réfère à ce que Fourier nomme les branches des destinées générales : la cosmogonie, les phases du mouvement social, les passions. La deuxième partie ou description est relative aux particularités des destinées privées ou domestiques dans l'ordre combiné : l'union des sexes, les cultures, les repas, les armées industrielles. Enfin la dernière partie est intitulée confirmation. Fournier se conforme, comme on le voit, dans son plan aux enseignements qu'il avait reçus dans la classe de rhétorique. La confirmation contient les indices tirés de la fausseté des lumières actuelles : le monopole insulaire et les vices du commerce (banqueroute, agiotage, accaparement, parasitisme).

Fourier apprécie ainsi lui-même son premier ouvrage : « *Le livre des Quatre Mouvements* est une mascarade par la violation méthodique des règles, par les communications prématurées et intempestives et autre *Bizarreries étudiées*. Du reste, je n'ai aucune syllabe à en désavouer » : (Fourier, *Phalange, l'Entretien* p. 206). C'est l'ouvrage qui contient en effet les anticipations sociales notamment sur l'amour, qui paraissent encore les plus scabreuses.

## II. - Traité de l'Association domestique Agricole
### réimprimé sous le titre de
### Théorie de l'Unité Universelle

« Ce titre, dit Fourier en parlant du *Traité de l'Association domestique-agricole,* dénote que ma théorie applique l'Association aux deux branches de relations où l'on désespérait de l'introduire jamais » (voir *Unité Universelle* t. I p. 100), c'est-à-dire le ménage et l'agriculture.

Cet ouvrage est le plus volumineux de ceux qui furent publiés par Fournier. La première édition comporte deux volumes compacts in-8⁰ ; la réimpression a été faite en quatre volumes du même format, le premier de ces volumes est composé principalement du *Sommaire du Traité de l'Association* paru originairement en brochure après la publication du traité, et du *Traité du Libre Arbitre* extrait des Manuscrits.

Mais l'œuvre complète devait comporter **six** autres volumes du même format que les deux premiers, et il convient de ne pas l'oublier, ainsi que le fait remarquer Fourier lui-même. « Les critiques jugent sur ces deux volumes un ouvrage dont le plan est tracé pour huit » (*Association domestique-agricole*, t. I, p. 65). Les matières de ces volumes complémentaires constituaient la plupart des manuscrits qui ont été publiés dans la revue *La Phalange*, et dans les volumes intitulés *Manuscrits*.

La *Théorie de l'Unité Universelle*, t. I, p. 112, indique ainsi la composition des neuf volumes : Répartition des deux corps de doctrines aux neuf tomes :

Tome I. — Aperçus et abrégés de la doctrine ;
  » II. — Exposition concrète de l'Association ;
  » III. — Psychologie abstraite ;
  » IV. — Synthèse méthodique et théorie transcendante (Histoire sociale ou histoire du mouvement social passé, présent, futur) ;
  » V. — Le Commerce (critique et réformes);

Tome VI. — La Psychologie concrète. — Critique de la psychologie et de la morale des sociétés subversives ;

» VII. — L'Analogie universelle et la Cosmogonie ;

» VIII. — Théorie intégrale de l'immortalité de l'âme ou la Religion harmonienne ;

» IX. — Conclusion. — Répertoire et dictionnaire.

Les deux premiers tomes ont seuls paru en volumes, les autres ont été publiés en fragments dans *La Phalange* (Revue), ou dans les volumes intitulés *Manuscrits*. Quand au répertoire et au dictionnaire prévus, M. l'ingénieur Silberling a tenté de faire ce travail dans son consciencieux *Dictionnaire de Sociologie phalanstérienne*.

L'œuvre de Fourier, dans un langage courant et abrégé, devait donc comprendre :

1º PRÉAMBULE. — Abrégé de la doctrine.

2º DOCTRINE.
1º. Cosmogonie et Analogie Universelle ;
2º Psychologie absraite ;
3º Histoire du mouvement social: passé, présent, futur ;
4º Critique du Commerce actuel ;
5º Critique des Mœurs actuelles ;
6º Exposition concrète de l'Association en diverses gradations ;
7º Religion harmonienne.

3º Répertoire et dictionnaire.

Le *Traité de l'Association domestique-agricole* avait été suivi de la publication d'un *Sommaire*, édité en brochure, ce Sommaire a été placé en tête de la réédition qui porte le titre de *Théorie de l'Unité Universelle*.

La science actuelle, dit l'avant-propos du Traité constitue un assemblage d'erreurs. La civilisation est un ordre social inférieur qui n'engendre que des fléaux. La forme sociale future, devenue harmonique, remplacera ces fléaux de « lymbe sociale » par les bienfaits qui leur sont opposés. L'humanité a donc intérêt à réaliser l'harmonie. Un mouvement général porte les hommes vers l'Association, car les avantages qu'elle peut procurer, ne sauraient être mis en doute, mais il est indispensable d'éviter le gaspillage des efforts en créant un jury d'examen qui statuera sur la valeur des projets d'association qui devront lui être soumis (*Sommaire*).

Fourier constate que son ouvrage sera dédaigné des savants parce qu'il combat la philosophie. Or, cette philosophie est ignorante et ne manifeste que répulsion pour tout ce qui contredit les idées admises. Il est donc légitime de l'attaquer.

Ceux qui veulent lire cet écrit ne doivent pas être rebutés par sa forme insolite. Il peut soulever, en effet, de nombreuses objections. L'auteur reconnaît, jusqu'à un certain point, le bien fondé des censures générales qui portent : 1º sur l'amertume des observations ; 2º sur la distribution bizarre de l'ouvrage ; 3º sur l'exagération des bénéfices promis ; 4º sur l'abus d'imagination ; 5º sur les

néologismes de la nomenclature. Il admet déclare-
t-il dans le *Sommaire*, les critiques décentes, tout
en affirmant que, dans la meilleure, chaque ligne
est une cacographie sociale ; mais il s'insurge
contre les critiques hostiles qu'il classe ainsi : les
ambiguës, arrivant à force d'arbitraire quoique
sans intention hostile au même but que la détrac-
tion, les méchantes, et les entraînées, c'est-à-dire
celles qui résultent de la nécessité de se conformer
aux convenances particulières de la clientèle. Il
expose ce que devrait être la critique régulière, et
indique les fautes graves, les fautes douteuses et
les fautes légères de son ouvrage.

Fourier fait suivre ces précautions contre les
détracteurs de ce qu'il nomme trois leçons : dans
la première (la leçon élémentaire) il décrit le mécanisme des séries par le jeu des passions ; la deuxième, qu'il appelle une leçon romantique, relate les
merveilles qui résulteront de l'association et le
bonheur des êtres surhumains ; la troisième, dénommée leçon classique, est l'application de la
Table des principes philosophiques à la théorie
sociétaire.

Le Traité comprend ensuite : une introduction,
des prolégomènes, des cislégomènes, quatre livres,
un postlogue et une épisection.

A l'imitation des opéras, chaque partie est cou-
pée par des intermèdes qui portent des noms variés:
médiante, transmédiante, préambule, cisambule,
transambule, pause, citra-pause, ulterpause, citer-
logue, antienne, citienne, ultienne, postienne, etc...
Il est certain que ces néologismes des rubriques et

cet ordre dispersé des matières rendent la lecture de l'ouvrage très pénible, tout en n'étant d'aucune utilité (1).

L'introduction comprend des aperçus sur les séries passionnelles, les destinées sociales, les intérêts spéciaux de la France et de l'Angleterre, les restaurations climatériques.

Dans les Prolégomènes, il est traité des préceptes philosophiques, de la liberté, du commerce, du bonheur, de Dieu et de l'attraction passionnelle, de l'immortalité de l'âme.

Un intermède est consacré aux récompenses et lustres des savants et artistes en harmonie sociétaire, aux récompenses de souveraineté aux coopérateurs de la fondation d'épreuve, à l'exposé du vrai libéralisme, et à la description du sort des savants et des artistes dans la Société de l'époque de Fourier.

Les Cislégomènes montrent les avantages de l'association, la fausseté des amours civilisés, les possibilités d'avènement du sociétarisme par les voies de contrainte, le tableau des improductifs en civilisation, les disgrâces des salariés, la cosmogonie, le garantisme.

Le livre I traite des dispositions matérielles du mécanisme sociétaire, il expose le fonctionnement

(1) « J'ai disposé l'Avant-Propos à la manière des ouvertures d'opéra, où l'on fait entendre les motifs qui règneront dans la pièce », déclare Fourier à la page L du tome I du Traité de l'Association Domestique Agricole. L'intention de l'auteur est compréhensible si l'on se réfère à la page 414 de l'ouvrage de Lavignac, *La Musique* : « Le but de l'ouverture est de préparer le spectateur aux émotions du drame ou de la comédie qui ve se dérouler devant lui, en le plaçant dans l'état d'esprit le plus convenable pour en éprouver vivement l'impression. »

des groupes et des séries et l'organisation du phalanstère, avec deux intermèdes, l'un sur les préjugés des modernes en matière d'association, l'autre sur les prodiges harmoniens.

Le livre II disserte sur l'éducation unitaire, avec un intermède sur la fausseté des amours en civilisation.

Le livre III explique le mécanisme des séries simples et des séries mesurées, la nature des caractères généraux en ambigu ou des caractères de lien, de transition, les passions infinitésimales ou hypernuancées, l'exercice de l'industrie en modulation infinitésimale, les passions infinitésimales inverses ou vilains goûts. Il contient deux intermèdes : l'un porte sur la politique de la Restauration, l'autre est un portrait peu flatté des Français (tome II p. 471 à 477).

Le livre IV est relatif aux ralliements passionnels (par exemple aux affections à créer entre les classes aujourd'hui antipathiques comme celles des jeunes et des vieux, celles des riches et des pauvres) aux accords passionnels, aux accords économiques en répartition. Les deux intermèdes sont des critiques du *Télémaque* de Fénelon et de l'*Homme des Champs* de Delille.

Dans l'épisection, Fourier expose le mode sociétaire simple (ou la septième période du Mouvement social) c'est-à-dire les lacunes d'attraction que l'on constate dans cette harmonie incomplète, l'installation de la phalange d'essai, les deux candidatures possibles de moyens et de caractère, c'est-à-dire la liste des personnes susceptibles par leur fortune ou leur état d'esprit de fonder un phalanstère.

L'épilogue indique l'impossibilité de suivre une politique nettement rétrograde, de revenir à l'ordre social existant en 1780.

Si les matières de ce Traité étaient classées selon les dispositions courantes, elles composeraient un ouvrage très lisible et encore très intéressant.

---

## III.-Le Nouveau Monde industriel et sociétaire ou Les Séries passionnées

---

Cet ouvrage est un résumé du système sociétaire fait par Fourier pour les débutants. De l'avis de tous ses disciples, c'est le meilleur et le plus clair de ses ouvrages, c'est évidemment celui où il s'est le plus efforcé de ne pas choquer les idées de ses contemporains.

Ce traité est ainsi classé :

Avant-propos. — Entraves apportées aux inventeurs ;

Préface. — Les indices d'égarement, le monde à rebours ;

Section I. — Analyse de l'attraction passionnée.
» II. — Disposition de la Phalange d'essai.
» III. — Education harmonienne.
» IV. — Mécanisme de l'attraction.
» V. — Equilibre des passions.
» VI. — Analyse de la Civilisation.

Section VII. — Synthèse générale du Mouvement
        Social.

Postface. — La cataracte intellectuelle.

Fourier avait écrit sur un exemplaire du *Nouveau Monde industriel* appartenant à Just Muiron
la note suivante qui m'a été communiquée par un
disciple de sa doctrine et qui pourrait être inédite :

« Pour donner un point d'appui aux lecteurs et
critiques impartiaux, observons que la plupart des
détails de cette théorie sont de certitude palpable,
même avant l'expérience. D'ailleurs l'ensemble
présente un pis-aller brillant à ne compter que
sur les moyens matériels dont l'efficacité est
incontestable, tels que :

1º Extension des grandes mécaniques aux
moindres fonctions ;

2º Economies colossales à estimer en moyen
terme aux 4/5 de la manutention souvent aux
99 % ;

3º Emploi des instincts à l'industrie d'où le
régime civilisé les détourne dès le bas âge (485).

On obtient ces trois effets par influence des trois
ressorts décrits aux chapitres V et VI et inappli-
cables hors des séries passionnées : qui comprend
bien ces deux chapitres, comprend toute la théorie.

L'ensemble de ces nouvelles forces productives
élèverait déjà le produit au double (à douze mil-
liards en France au lieu de six), même en supposant
fausse toute la théorie comme l'insinuent les Zoïles.

Ce produit double serait un beau pis-aller pour
remédier à l'indigence de tous degrés, depuis celle

des cours, de plus en plus obérées, jusqu'à celle du menu peuple civilisé qui s'engouffre dans la misère, en raison des progrès de son industrie morcelée.

La question à juger ici est de savoir si des séries passionnées conformes aux règles des chapitres V et VI emploient d'autres ressorts que la passion et l'instinct pour entraîner au travail et pour animer leurs groupes industriels du double enthousiasme ou double fougue décrite (83).

Le problème d'attraction est résolu ici sans emploi d'aucun des ressorts philosophiques nommés raison, devoir, modération, morale, prudence, besoin etc... La théorie publiée est incontestablement le procédé d'industrie naturelle, applicable aux classes rétives, aux sauvages, sybarites et enfants. Il faut donc leur présenter le travail en séries passionnées distribuées exactement selon les règles des chapitres V, VI, VII, VIII.

Ainsi lorsqu'un détracteur dit de cette théorie : voilà tels accords, tels effets que je juge impraticables, donc tout le calcul est faux, on peut lui répondre : « Attendez de connaître à fond tout ce « mécanisme nouveau, avant de prononcer sur les « accords transcendants, comme ceux des chapitres « 35 et 36 (ce sont ceux que Fourier nomme l'accord « inverse par générosité et le ralliement des seize « antipathies) qui vous éblouissent ; provisoire- « ment accordez, appréciez ce qui est matérielle- « ment certain, même avant la sanction de l'expé- « rience et vous reconnaîtrez que ces bénéfices « incontestables de la distribution par séries suf- « firaient déjà à donner par pis-aller un produit

« double de celui du régime de morcellement nom-
« mé civilisation ».

« Et si, en sus de ce pis-aller, « le calcul de l'attraction et du quadruple produit est reconnu juste
après expérience, quel coup de fortune pour la
pauvre humanité ! »

---

## IV. - La Fausse Industrie
### morcelée, répugnante, mensongère et l'antidote
## L'industrie Naturelle
### combinée, attrayante, véridique
donnant quadruple produit et perfection extrême
en toutes qualités

---

Sous ce long titre furent édités en deux volumes
les articles que Fourier avait fait paraître dans le
journal *le Phalanstère* publié en 1832. C'est une
analyse vive et piquante de la civilisation, dit un
catalogue de la librairie sociétaire.

Dans le premier volume les parties non-traitées
ailleurs sont : 1º les servitudes de la propriété foncière ou ses absences de garantie (pages 420 et
suivantes) ; 2º l'exposé du système appliqué par
Francia au Paraguay (sur des données inexactes).

Dans le deuxième volume, Fourier revient :
1º sur la cosmogonie et la métaphysique ; 2º sur la
morale ; 3º sur les crimes du commerce. La partie
originale comporte des appréciations sur la politique de l'époque où écrivait Fourier et des appels
aux candidats et disciples.

Fourier, dans sa manie de réclame, eut l'idée bizarre de modifier le système ordinaire de pagination et de numéroter les pages d'une façon analogique, sans donner la clef de ces dérogations à l'ordre numérique.

## V. - Manuscrits (4 volumes)

Les volumes des manuscrits, publiés de 1851 à 1858, reproduisent les plus anciens manuscrits de Fourier dont quelques-uns ont dû paraître dans des journaux de l'époque de leur composition, ce qui serait à rechercher à cause des polémiques qu'ils ont pu soulever à Lyon, Paris, etc... Le volume de manuscrits paru en 1852 est presque entièrement composé de morceaux relatifs à l'éducation.

ARTICLE II. — **Brochures.**

Les brochures publiées par Fourier lui-même sont :

1º *Les Charlataneries commerciales*, brochure parue à Lyon en 1807. Cette brochure a été reproduite dans *La Phalange*, 3ᵉ série, t. II, p. 732.

2º *Sommaire de la théorie d'association domestique-agricole ou Attraction industrielle et Sommaire et annonce du Traité de l'Association domestique-agricole*, in-8º : cette brochure a été reproduite dans le premier volume du *Traité de l'Unité Universelle*, elle avait paru à Paris en 1823.

3º *Additions aux Sommaires et au Traité.*

4º *Mnémonique Géographique,* Paris, 1824, in-16º.

5º *Livret d'annonce du Nouveau Monde Industriel,* Paris, 1830, in-8º.

6º *Pièges et Charlatanisme des sectes Owen et Saint-Simon,* Paris, 1831, in-16º.

Il faut y joindre quelques tableaux dont on trouvera l'indication au catalogue de la Bibliothèque Nationale.

La librairie phalanstérienne a de plus fait paraître en brochure divers manuscrits de Fourier :

1º *L'Anarchie industrielle et scientifique,* Paris, 1847, in-16º.

2º *L'Egarement de la raison,* Paris, 1847, in-8º.

3º *L'Analyse du mécanisme de l'agiotage,* Paris, 1848, in-8º.

4º *Sur l'Esprit irréligieux des modernes et dernières analogies,* Paris, 1850, in-8º.

5º *Les Cités ouvrières : des modifications à introduire dans l'architecture des villes,* brochure in-8º.

---

ARTICLE III. — **Articles de journaux et de revues.**

---

Fourier collabora aux journaux suivants :

1º Le *Journal de Lyon et du Midi* (1801-1802) où il fit paraître un article sur le mot banquier ; 2º Le *Journal de Lyon* (2 décembre 1803-4 février 1804) trois articles ; 3º *Le Bulletin de Lyon,* on peut y relever le fameux article sur le triumvirat reproduit lors de la publication en volumes des manuscrits, un article sur l'acceptation des lettres de change et diverses pièces de vers ; 4° Le *journal de Lyon et du département du Rhône* ; 5° *L'Impartial de Besançon*, etc.

Le 19 octobre 1831, le Globe publia une lettre qu'il avait adressée aux rédacteurs de ce journal.

Presque tous les numéros du *Phalanstère* (ou La Réforme Industrielle) et de *La Phalange* contiennent des articles de Fourier. La nomenclature en est donnée dans la *Bibliographie Socialiste* de Stammhamer.

Il faut y ajouter les articles parus dans la revue *La Phalange*, ils sont extraits des manuscrits de Fourier. Les manuscrits publiés dans *La Phalange* comprennent la matière des six volumes qui devaient compléter les deux volumes du *Traité de l'Association* parus en 1822, c'est-à-dire notamment la description des formes sociales passées (Sauvagerie, Patriarcat, Barbarie), de la forme actuelle (Civilisation) et des formes intermédiaires entre la Civilisation et l'Harmonie (Garantisme, Sociantisme, Séristérisme ou Amicisme), un traité des Passions, un traité de Cosmogonie, et un traité d'Analogie (ce que je me permets de trouver la partie la plus faible de l'œuvre de Fourier, tout en luttant contre cette impression). Les fascicules parus dans *La Phalange* ont même été assemblés par les soins de la librairie Phalanstérienne, et reliés en volumes portant des titres à peu près synthétiques : *Commerce, Histoire Sociale, Passions,*

*Cosmogonie.* La plupart de ces manuscrits ont été composés de 1803 à 1815, et revus de 1815 à 1820.

Il parut dans *La Phalange* en 1845, 246 pages de manuscrits ; en 1846, 410 pages ; en 1847, 444 pages ; en 1848, 498 pages ; en 1849, 525 pages ; en tout, 2123 pages grand in-8°, ce qui correspond bien, en y ajoutant les volumes de manuscrits parus de 1850 à 1858, aux volumes complémentaires du *Traité de l'Association Domestique-agricole*, annoncés par Fourier.

---

### Article IV. — **Manuscrits inédits**.

---

Il existe, de plus, des manuscrits inédits, les uns le sont complètement, les autres sont constitués par les passages omis ou mofidiés pour des raisons diverses (morales, politiques, préjugés scientifiques) par les éditeurs des manuscrits publiés.

De l'examen des manuscrits déjà imprimés, il ressort que tout ce qui a trait aux relations des sexes en Harmonie ou en d'autres périodes a été fortement expurgé. Les cahiers 50 à 54 de la cote 9 de l'inventaire dressé à la mort de Fourier sont inédits ou presque complètement inédits. Les sujets, qui y sont traités, peuvent être rapprochés de certains passages de Montesquieu dans les *Lettres Persanes* et du *Temple de Gnide* du même auteur. Les rigoristes y trouveraient autant à redire qu'aux œuvres légères de l'auteur de *l'Esprit des Lois* ; mais l'un et l'autre sont des hommes moraux, si on compare leurs écrits à ceux des philosophes classiques Socrate, Xénophon et Platon. Il semble, d'ailleurs, qu'on avait voulu faire disparaître ces fantaisies, puisque un des cahiers a été à moitié rongé par les souris.

Les autres manuscrits non-publiés traitent des sujets variés, politiques, économiques (par exemple un projet de Hanse Européenne), moraux cosmogoniques etc...

Les cahiers 9 et 10 de la cote supplémentaire sont écrits partiellement ou en totalité en écriture cryptographique. Les pièces 11,12,13,14 manquent.

---

ARTICLE V. — **Correspondance. — Sur le Style de Fourier.**

---

La correspondance de Fourier qui se trouve aux Archives Sociétaires est peu volumineuse.

Celle qui fut transmise par Fourier se compose à peine de quelques lettres ; si Muiron a remis ses papiers à une bibliothèque publique, il serait intéressant de se référer aux lettres qu'il a reçues de Fourier et aux conversations écrites qu'il a eues avec lui, car Muiron était sourd et ne pouvait converser que par écrit. La correspondance reçue par Fourier est plus importante et renferme des renseignements intéressants sur les péripéties de son existence et sur l'évolution du mouvement sociétaire.

Quand au style de Fourier, il s'élève parfois au sublime pour descendre ensuite au trivial. Il est déparé de plus par de nombreuses négligences qui devaient paraître plus choquantes à l'époque où écrivait Fourier que de nos jours, car l'inventeur de la théorie sociétaire écrivait le français parlé de son temps, français dont nombre de procédés syntaxiques alors défectueux sont considérés maintenant comme corrects. Fourier abusait des néologismes, mais beaucoup de ses créations (phalanstère, papillonne, etc.) sont passées aujourd'hui dans la langue courante et ne prêtent plus à rire. Il faut remarquer, en outre, que si les manuscrits publiés contiennent de très nombreuses incorrections, cela tient à ce que ces écrits sont des notes destinées à fixer la pensée, et non à être imprimées telle quelle.

Enfin, Fourier a abusé du style polémique. Il suppose constamment des objections, et y répond en personnifiant ses adversaires et en les invectivant, ce qui indispose le lecteur, lorsqu'il n'est pas disposé à devenir un disciple.

---

## CHAPITRE II

### Les Œuvres de l'Ecole Sociétaire

---

Dans son « *Histoire du Socialisme* » Benoît Malon déclare que l'Ecole Sociétaire est de toutes les Ecoles Socialistes celle dont la bibliographie est la plus étendue. C'était indiscutablement vrai à l'époque où Benoît Malon faisait paraître l'ouvrage précité, c'est évidemment inexact aujourd'hui, puisque Stammhamer a pu faire avant 1914 une *Bibliographie Socialiste* qui se compose de trois volumes in-8°. Il suffira d'indiquer ici les principaux ouvrages doctrinaux et les publications périodiques de l'Ecole Sociétaire, en langue française.

Les ouvrages les plus importants sur la doctrine sociétaire en général sont : *Destinée Sociale* par Considerant, en trois volumes in-8° parus de 1834 à 1844 ; *Le Fou du Palais-Royal* par Cantagrel, 1 vol. ; *Charles Fourier, sa vie, sa théorie* par Pellarin 1 vol. ; *Solidarité* par Renaud, 1 vol. réimprimé il y a une vingtaine d'années ; *Etudes sur la Science sociale* par Jules Lechevalier, 1 vol. ; *La Théorie sociétaire de Charles Fourier*, par Transon, 1 vol. ; *Principes de Sociologie*, du docteur Barrier, 2 vol. parus en 1867 ; le *Dictionnaire de Sociologie Phalanstérienne*, par Silberling, 1 vol. paru en 1911.

En Politique, il faut mentionner : *Le Manifeste de l'Ecole Sociétaire* ou *Bases de la Politique positive*, par Victor Considerant, et *La Solution ou le Gouvernement direct* du Peuple par le même, deux fortes brochures ; *La Future Constitution de la France* par Destrem, deux vol. grand in-8°. La conception des armées industrielles a inspiré à l'ingénieur des Ponts-et-Chaussées, Krantz, une brochure sur *l'Application de l'Armée aux travaux d'utilité publique* et une autre sur *la Création d'une Armée des Travaux publics*.

En ce qui concerne la colonisation, il faudrait mentionner presque toutes les œuvres de Jules

Duval. Il convient d'y ajouter un ouvrage de Laverdant sur la *Colonisation de Madagascar*.

En matière économique, on peut citer :

Pour la production :

*Coup d'œil sur la Théorie des fonctions*, brochure du futur général Tamisier; *Féodalité ou Association* 1 vol. d'Hennequin; de *l'Organisation des Travaux Publics*, brochure de Cantagrel; *l'Organisation nationale et unitaire des Assurances*, brochure par Raoul Boudon; *de la Médecine*, 1 vol., par Kunstli; *de la Médecine dans l'ordre Sociétaire*, 1 vol., par Pellarin.

Pour la circulation :

*Crédit agricole, mobilier et immobilier*, par Cieskowski et Jules Duval, brochure ; *Les Quatre Crédits* 1 vol. par Considerant.

Pour les consommations :

*Le Ménage Sociétaire*, 1 vol. par Harel.

Pour la solidarité :

*La Théorie du Droit de propriété et du Droit au travail*, brochure par Considerant.

La doctrine Sociétaire a inspiré deux ouvrages de Toussenel, très appréciés encore aujourd'hui, *l'Esprit des bêtes* et *l'Ornithologie passionnelle* ou *le Monde des Oiseaux*.

La pédagogie est redevable à l'Ecole Sociétaire de diverses brochures: Considerant, *l'Education attrayante* ; Cantagrel, *les enfants du Phalanstère* ; Mme Coignet, *de l'Enseignement public*.

La religion harmonienne est restée sous le boisseau. On peut toutefois mentionner : *Du sens vrai de la doctrine de la rédemption*, brochure par Considerant ; *De la vie future au point de vue socialiste*, 1 vol. par Esquiros.

Quand aux arts, il suffira d'indiquer deux brochures : *De la mission de l'Art et du rôle des artistes*, par Laverdant ; *L'Art dans la République*, par A. Bureau.

Parmi les œuvres littéraires dues à l'inspiration sociétaire, deux sont connues de tous : une partie des poèmes harmoniens de Leconte de Lisle, parus dans *La Phalange*, est devenue *Les Poèmes Antiques* ; le roman *Travail* de Zola s'inspire de la pensée de Fourier, entrevue à travers *Solidarité* de Renaud, dont un exemplaire avait été prêté à Emile Zola par le vieux phalanstérien Noirot.

Quand aux journaux et revues phalanstériens de langue française, en voici l'énumération :

1° *Le Phalanstère* ou *La Réforme industrielle*, 1832-1834, 2 vol. in-4°, journal hebdomadaire.

2° *La Phalange*, première série, 1836-1840, 3 vol. ; deuxième série, 1840-1843, 6 vol., journal bi-hebdomadaire.

3° *La Phalange*, 1845-1850, Revue, 10 vol.

4° *La Démocratie Pacifique*, 1843-1851, neuf années, journal quotidien.

5° *L'Economiste Français* (1), journal de la

(1) Si ce journal est énuméré au nombre des publications fouriéristes, c'est à cause de son sous titre et parce que la liste de ses collaborateurs comprend surtout des Fouriéristes, MM. J. Delbruck, H. Destrem, J. Duval, Laverdant, A. Meray,

Science Sociale, directeur Jules Duval, du 25 novembre 1861 à 1866, 5 vol. in-4°.

6° *La Science Sociale*, 1867-1870, 4 vol.

7° *Le Bulletin du Mouvement Social*, 1872-1880.

8° *La Revue du Mouvement Social*, 1880-1887.

9° *Le Devoir*, organe du Familistère de Guise.

10° *La Rénovation*, 1888-1922, directeurs : Destrem, puis Alhaiza.

---

## CHAPITRE III

### Les Sources de l'Histoire de l'Ecole Sociétaire en France

---

Les sources de l'histoire de l'Ecole Sociétaire en France, sont :

1° Les Archives Sociétaires déposées par M. Kleine au Centre de Documentation Sociale à l'Ecole Normale Supérieure, 45, rue d'Ulm, à Paris. Elles comprennent : la correspondance, les documents civils, les pièces judiciaires et extrajudiciaires, les livres et documents de commerce des diverses sociétés phalanstériennes.

2° Les passages des œuvres de Fourier, imprimées ou manuscrites.

3° Les publications sociétaires, livres, brochures, journaux, revues, circulaires.

4° Les études sur Fourier et sur son Ecole :

Saverdan, Zurcher, Margollé, etc. ; mais le nom et la doctrine de Fourier n'y sont jamais mentionnés. — Le discrédit était alors complet.

livres, brochures, articles de revues, de journaux, etc.

Les trois premières sources ont été indiquées, il
suffira conséquemment d'explorer la dernière, en
se limitant aux livres, brochures et articles de revue
dans lesquels on peut distinguer les ouvrages spéciaux et les parties d'ouvrages généraux.

Les ouvrages spéciaux peuvent être répartis en
quatre périodes : 1° 1800-1851 ; 2° 1851-1870;
3° 1870-1893 ; 4° 1893 à nos jours.

Les ouvrages spéciaux les plus connus de 1800 à
1851, sont : Louis Reybaud, *Etudes sur les Réforma-
teurs contemporains*, 1 vol. 1840, la partie affectée
à l'examen de la doctrine de Fourier est très sympathique aux idées sociétaires ; Ferrari, *Des Idées
et de l'Ecole de Fourier*, Revue des Deux Mondes,
novembre 1846 ; de Loménie, Galerie des Contemporains illustres, 1847 ; Ott, *Traité de l'Economie
Sociale*, 1850 ; Lerminier, *Fourier et son Ecole*,
Tablettes Européennes, 1851.

Les ouvrages spéciaux parus du 2 décembre
1851 à septembre 1870 sont généralement hostiles,
on peut mentionner : Ducoin, *Charles Fourier,
particularités inconnues*, article paru dans *Le Corres-
pondant* en 1851 ; Gérard de Nerval, *les Illuminés*
(le chapitre relatif à Fourier est insignifiant) ; de
Lordoueix, *Le dernier mot de la Révolution*, Paris,
1852, in-8° ; Mirecourt, *Considérant*, 1854, pam-
phlet rempli d'inexactitudes.

Dans la 3ᵉ période qui va de septembre 1870 à
1893, les ouvrages sur la doctrine sociétaire sont
nombreux, assez bienveillants, mais la doctrine

est tenue pour morte. Ce sont : Ginoux, *Charles Fourier*, Nîmes, 1871 ; Paul Janet, *La Philosophie de Fourier*, Revue des Deux Mondes 1er octobre 1879. (Cet article est composé avec des documents de seconde main et est insuffisant à tous points de vue ; c'est dans cet article que Considerant est qualifié d'écolier du Moyen-Age) ; Estignard, *Portraits franc-comtois*, Paris 1887 ; Charles Renouvier, *La Philosophie de Fourier, Critique philosophique*, t. 23 et 24.

En Allemagne, Greulich, Warschauer et Bebel, publiaient chacun un volume sur Fourier.

Dans la quatrième période qui commence en 1893, les ouvrages sur Fourier et l'Ecole Sociétaire sont plus nombreux et la critique redevient en général sympathique. L'extension du mouvement socialiste et coopératif et la création d'une chaire d'histoire des doctrines économiques et sociales dans les Facultés de droit ne sont peut-être pas étrangères à ce revirement.

On peut dire que ce mouvement fut déclanché par la publication chez Guillaumin des *Œuvres choisies de Fourier*, avec introduction par M. Charles Gide, professeur à la Faculté de droit de Paris, Fourier prenait du coup l'allure d'un auteur sérieux, qualificatif qu'on lui refusait depuis si longtemps.

En 1894, M. Alhaiza publie un *Historique de l'Ecole Sociétaire*. En 1896, la Revue des Deux Mondes s'occupe une troisième fois de Fourier en publiant un article de M. Faguet. C'est un résumé de la vie et des doctrines de *Charles Fourier* d'après Pellarin. M. Faguet examine très dédaigneusement ce courtaud de boutique, et ne l'apprécie que pour avoir décrit les avantages de l'association. M. Villey, doyen de la Faculté de droit de Caen, publie, en 1898, une brochure peu sympathique sur *Charles Fourier*, ce qui suscite une réponse de M. Limousin, intitulée : *Le Fouriérisme*. En 1901, M. Vuilliez, avocat général à la Cour d'Aix, choisit l'œuvre de Fourier comme sujet de discussion de rentrée des tribunaux et expose avec sympathie la doctrine sociétaire. La même année, Mme Gagneur, veuve d'un fouriériste de la première heure, publie une brochure : *Le Droit au bonheur, Charles Fourier*. M. Levasseur fait paraître, en 1902, les *Etudes Sociales sous la Restauration, Saint-Simon et Fourier*, En 1905, M. Gazier publie une plaquette sur *La Maison natale de Fourier*. La lettre de Fourier au Grand Juge est reproduite, en 1906, dans les *Notes et Fragments d'Histoire*, de M. Félix Rocquain. M. Jollivet-Castelot donne son adhésion aux idées de Fourier, en 1908, dans un volume intitulé : *Sociologie et Fouriérisme*. En 1910, M. Maurice Harmet, publie un travail sur Fourier, et en 1913, M. Louvancour édite de *Henri de Saint-Simon à Charles Fourier*.

M. Albert Lafontaine, docteur ès-lettres et directeur des Cours d'Hulst (l'ancien Directeur de l'Université catholique de Paris) a fait paraître en 1911, un volume sur *Charles Fourier*, dans lequel il défend le « Père du Socialisme » de la plupart des attaques portées contre lui : il déclare même sa doctrine empreinte d'un gros bon sens, et l'étudie avec une bienveillance très évidente, revirement d'esprit symptomatique chez les catholiques qui, au début, s'étaient plutôt montrés hostiles à l'Ecole Sociétaire. Tout un mouvement social, celui des associations d'ouvriers catholiques, a semblé un moment se ranger sous la bannière de Fourier, qui fut aussi revendiqué, plus ou moins justement, par M. Biétry dans un journal : *Le Jaune*. Il n'y a, d'ailleurs, aucune objection à faire à ces adhésions, la doctrine de Fourier appartenant à toute l'Humanité, et chacun ayant le droit d'y puiser. Fourier, certes était déiste, il a loué, dans le Christianisme et dans le Catholicisme surtout, les germes d' « unitéisme » qu'ils contiennent, il a même remarqué que les Jésuites, tant décriés par la coterie philosophique, avaient été au Paraguay sur la voie d'une transformation complète de l'Humanité : « On peut dire que dans cette affaire la civilisation a fixé de bien près le précipice ». Mais Fourier déclarait que les Jésuites avaient commis la bévue de ne pas faire aux travaux combinés l'application des associations graduées. (*Manuscrits* 1851, p. 143). D'ailleurs l'esprit d'adaptation du monde catholique et des grands ordres religieux est tellement fort que tôt ou tard ils essaieront d'utiliser à leur profit l'œuvre complexe de Fourier, et d'en faire la base d'une renaissance de la vie cénobitique et corporative ; ils rappelleront que Fourier, au déclin de la vie, écrivait : « s'il existait un monastère aisé, j'aimerais à m'y retirer ».

M. Bonvalot, l'explorateur bien connu, dans la Préface de sa traduction de *L'Empire des Affaires*, de Carnegie, a aussi adhéré complètement au Socialisme de Fourier, que Jules Simon avait déclaré dans un article du journal *Le Temps*, le seul socialiste de génie.

Enfin, depuis la guerre mondiale, M. Charles Gide a fait au Collège de France un cours sur la doctrine de Fourier, et ces leçons ont été éditées d'abord en brochures, ensuite en volume.

La doctrine de Fourier est aussi entrée dans l'enseignement des Facultés, et depuis vingt ans, il a été publié sur elle une thèse de doctorat ès-lettres et quatre thèses de doctorat en droit.

La thèse de doctorat ès-lettres de M. Hubert Bourgin a été éditée, depuis, sous la forme d'un gros volume ayant pour titre : *Fourier et son œuvre*. Cet ouvrage très documenté représente un travail considérable, mais les appréciations qui y sont contenues seraient certainement modifiées aujourd'hui, car M. Bourgin était alors membre du Parti Socialiste Unifié, et blâmait Fourier d'être tant soit peu bourgeois et réactionnaire. De plus, cette œuvre de jeune universitaire reflète trop le dédain, très peu justifié souvent, que les réguliers de l'enseignement et de l'existence professent pour les irréguliers de la science et les réfractaires de la société. M. Bourgin a ensuite publié un volume d'*Extraits de Fourier* et un *Abrégé de la vie de Victor Considerant*.

Les thèses de MM. Nicolaï et Sambuc constituent des résumés intéressants, la première porte sur *La Conception de l'évolution sociale chez Fourier*, la deuxième sur l'œuvre de Fourier en général (*Le*

*Socialisme de Fourier).* Quand à la thèse de M. Renouard sur *Saint Pierre Fourier et Charles Fourier,* elle est conçue dans un esprit de sympathie, presque d'enthousiasme, M. Renouard étant apparenté aux deux grands hommes dont il expose les idées (1). La thèse de M. Dessignoles un peu moins bienveillante examine le *Féminisme d'après la doctrine de Charles Fourier* (2).

La doctrine sociétaire constitue une partie de certains ouvrages généraux parmi lesquels on peut citer : Lorenz von Stein, *Histoire du mouvement social en France* (écrit en allemand) ; Benoît Malon, *Histoire du Socialisme* ; Paul Leroy-Beaulieu, *Traité théorique et pratique d'Economie politique* ; Gide et Rist, *Histoire des doctrines économiques* ; Jaurès, *Histoire du Socialisme.*

(1) L'esprit d'unitéisme ou de religiosité peut être prédominant dans certaines familles, et y prendre des formes diverses. Deux nièces de Ch. Fourier entrèrent dans les ordres religieux et l'une d'elles dirigea un pensionnat de jeunes filles à la Nouvelle-Orléans. Il convient de noter qu'un des principaux disciples de Fourier, théoricien lui aussi, M. Barat eut pour sœur M<sup>lle</sup> Sophie Barat, récemment canonisée, qui fut fondatrice de la Congrégation du Sacré-Cœur, consacrée à l'enseignement des jeunes filles, comme Saint Pierre Fourier fut fondateur de la Congrégation de Notre-Dame, consacrée au même enseignement.

(2) Le 30 avril 1926, M. Morris Friedberg a soutenu devant la Faculté des Lettres de Paris une thèse ayant pour titre : *L'influence de Fourier sur le mouvement social contemporain en France.*

# SECTION I

## Les conceptions méthodologiques de Fourier et de l'Ecole Sociétaire.

Cette section n'a pas pour objet essentiel de déterminer l'influence de l'Ecole Sociétaire sur les conceptions méthodologiques actuelles, et particulièrement sur la théorie de l'évolution, mais ce résumé des vues générales de Fourier est indispensable pour saisir les bases de sa théorie du mouvement social, de cette conception de l'évolution sociale que je prétends être la forme première de l'interprétation économique de l'histoire, dont la majeure partie des écrivains attribue la paternité à Karl Marx.

Cette constatation n'est pas sans intérêt puisque « le matérialisme historique », surtout par les conséquences qu'on en tire, est devenu presque un article de foi (une foi d'un genre spécial) pour les masses prolétariennes du monde entier. De plus, ce qu'on appelle quelquefois la Philosophie du Socialisme (et, partant, la philosophie de toutes les structures sociales qui se superposent aux formes économiques, morale, religions, droit, etc.), se trouve être la philosophie de Fourier, et c'est rentrer dans le plan de ce travail que de le démontrer
trer

Cette section peut se diviser en quatre articles :

1º. — Lois des mouvements généraux ;

2º. — Division sériaire des mouvements ;

3º. — Détermination des séries ;

4º. — Méthode en science sociale et conditions sociales des progrès scientifiques.

## ARTICLE I. — **Lois des mouvements généraux.**

Dans le *Traité de l'Association Domestique-Agricole* (t. I, p. 99 à 107) Fourier expose les Préceptes philosophiques méconnus par la Science même... « Je vais indiquer seulement douze aphorismes des philosophes, qui tous les admettent pour règles et n'en veulent suivre aucun... Je ne citerai que douze devoirs d'étude méthodique, et par conséquent obligatoires pour les savants, s'il est vrai qu'ils cherchent la vérité et que leurs préceptes soient des routes de vérité. »

En classant ces principes et ces règles suivant les divisions courantes, on peut les répartir en : 1º Règles de critique ; 2º Règles des procédés scientifiques ; 3º Règles de procédé d'art.

I. — *Règles de critique.*

Afin d'éviter les erreurs, Fourier impose comme discipline préalable à toute reehcrche les règles suivantes : 1º il faut avoir un doute absolu sur tous les préjugés et prendre garde que des erreurs devenues des préjugés ne soient prises pour des principes ; 2° il faut se rallier à la vérité expérimentale ; 3° à la nature ; (*Naturæ non imperatur nisi parendo*, Bacon) ; 4° il faut éviter de prendre pour des raisonnements l'abus des mots que l'on n'entend pas. « Il faudra s'attacher aux idées plus qu'aux mots sur le choix desquels j'avoue mon insuffisance. A cet égard, j'adopterai des nomenclatures plus correctes, quand elles me seront communiquées ». (*Théorie des Quatre Mouvements*, 2ᵉ édition, p. 12). On a donc le droit de substituer au terme mouvement le terme évolution, de parler de la *Théorie des Quatre Évolutions* et Fourier, disciple de Buffon, de Lacépède et de Lamarck, se trouvera être sans contestation un précurseur (inconscient, je l'admets) de Darwin. Dans un autre passage, Fourier remplace la 3ᵉ règle, se rallier à la nature, par une nouvelle expression, qui complète la première, l'écart absolu de toutes les théories connues.

Ces règles de critique consistent à se débarrasser de ce que Bacon, désigné d'ailleurs ici par Fourier, nommait les idola specûs, theatri, fori et tribûs : les idoles de la race dérivent de la constitution même de l'esprit humain ; les idoles de la caverne ont leur source dans les préjugés, les idoles du forum sont les erreurs dues au langage, et les idoles du théâtre sont le résultat de l'esprit de système.

II. — *Règles des procédés scientifiques.*

Il faut préliminairement, déclare Fourier, reprendre les idées à leur origine selon le précepte de Bacon (1). Quant aux règles, elles peuvent se résumer en règles d'observation, de raisonnement, d'expérimentation.

Les règles d'observation consistent : à observer les choses qu'on veut connaître ; à explorer en entier le domaine de la nature (c'est la quatrième règle de Descartes, faire partout des dénombrements si entiers et des revues si générales, que je fusse assuré de ne rien omettre) ; ne pas croire la nature bornée aux moyens connus ; se rallier à la nature.

Les règles de raisonnement sont ainsi énoncées : procéder par analyse et par synthèse (ce sont les deuxième et troisième règles de Descartes) ; aller du connu à l'inconnu par analogie (conseil d'Aristote et de Leibnitz) ; spéculer sur l'unité de système et croire que tout est lié, unitaire en système de l'univers. Dans son *Traité de philosophie*, M. Paul Janet attribue à l'emploi abusif de cette dernière règle, les nombreuses erreurs commises par Fourier. Il se peut que l'auteur de la *Théorie de l'Unité universelle* ait souvent mal appliqué la règle posée, mais le principe énoncé par lui est admis par beaucoup de philosophes, Leibnitz (que Fourier qualifie maintes fois de beau génie) n'a-t-il pas écrit dans la *Monadologie* cette phrase dont la proposition finale est si souvent répétée par Fourier : « Cette liaison ou cet accommodement de toutes les choses créées à

(1) Traité de l'Association Dom. Agric. tome I, p. VIII : Condillac : « Il faut reprendre nos idées à leur origine, refaire l'entendement humain, et oublier tout ce que nous avons appris. »

chacune, et de chacune à toutes les autres, fait que chaque substance simple a des rapports qui expriment toutes les autres, et qu'elle est par conséquent *un miroir vivant perpétuel de l'univers* ». Actuellement la philosophie positive semble triompher, mais Auguste Comte a-t-il absolument raison en affirmant que les diverses catégories contingentes sont irréductibles ? (1)

Enfin la règle d'expérimentation se ramène à suivre le précepte de Bacon : se rallier à la vérité expérimentale.

Fourier pose comme principe qu'il faut, suivant le précepte de Bacon, reprendre les idées à leur origine, il convient donc d'étudier l'origine et l'évolution des idées.

On peut déduire des principes philosophiques posés par Fourier dans ce qu'il appelait *La Table des préceptes philosophiques*, toute une logique abstraite, et toute une logique appliquée.

La méthode en général et la méthode des sciences mathématiques sont fournies par le développement du septième précepte : procéder par analyse et par synthèse. La partie purement abstraite de la logique ne fera qu'un avec les mathématiques, l'autre partie rentrera dans les mouvements ou

(1) A propos de la philosophie de Bergson, M. Lalande écrit dans l'Introduction au *Traité de Psychologie* de Georges Dumas, page 21 : « Pour se communiquer réellement, l'intuition demande une autre méthode, qui consiste surtout dans l'emploi de l'analogie. C'est pourquoi la psychologie de l'intuition s'exprime pour la plus grande part en images, en métaphores, *en schémas (qui sont des métaphores dessinées)*. » Le langage actuel de la Science économique ne comporte-t-il pas les termes d'intégration horizontale et d'intégration verticale.

évolutions, les théories, les sciences descriptives, les arts d'application.

La méthode des sciences de la matière comportera l'observation, l'expérimentation et l'induction. La méthode d'observation est donnée par le développement des deuxième et quatrième. préceptes : deuxième, explorer en entier le domaine de la nature ; quatrième, observer les choses qu'on veut connaître et non les imaginer. La méthode expérimentale consistera dans le développement des troisième et cinquième préceptes : troisième, simplifier les ressorts en toute mécanique matérielle ou sociale ; cinquième, douter et consulter l'expérience. La méthode d'induction comprendra les idées préparatoires à l'induction et l'induction proprement dite. Les idées préparatoires sont résumées dans le premier précepte et la deuxième règle de recherche : premier précepte, il faut ne pas croire la nature bornée aux moyens connus ; deuxième règle, il faut se tenir à l'écart absolu de toutes les théories connues.

L'induction proprement dite est contenue dans le sixième précepte, et dans les deux préceptes « pivotaux » de la logique. Le sixième précepte est : « aller du connu à l'inconnu par analogie » ; les préceptes pivotaux sont : 1º croire que tout est lié, unitaire en système de l'univers ; 2º spéculer sur l'unité du système, ce qui est conforme aux aspirations de la science actuelle qui s'efforce d'établir l'unité des rapports, l'unité de matière, l'unité de force. L'unité de rapports consiste à reconnaître que les lois mathématiques s'imposent à toutes les sciences ; l'unité de matière était déjà entrevue par Descartes : « Il n'est pas malaisé d'inférer de tout ceci que la terre et les cieux sont faits d'une même matière » (Livre V de *La Méthode*), l'unité de force serait, selon Paul Bert, le désidératum de tous les hommes de science : « Les travaux de ces savants cherchent à rattacher les lois de la chimie à celles de la mécanique ; ils tendent vers le désidératum de tous les gens de science et de pensée : arriver à démontrer qu'une seule espèce de force existe dans l'univers ; que c'est la même qui fait tourner les corps célestes, qui fait tomber un corps à terre, qui détermine les combinaisons, et que dans tous ces cas elle est soumise aux mêmes lois ». (Paul Bert, article Thermo-chimie, dans *Revue Scientifique* du journal *La République Française*, troisième année page 150).

III. — *La Règle de procédé d'art,* consiste à simplifier les ressorts en toute mécanique matérielle ou en toute mécanique sociale (Fourier et Considerant, comme l'a fait depuis M. le doyen Berthélemy, substituent le Mécanicisme Social à l'Organicisme).

Fourier distingue les sciences en : 1º Sciences fixes, les mathématiques (la seule science éternellement vraie) la physique, la chimie, la biologie, ces dernières, actuellement vagues et capricieuses ; 2º sciences incertaines ou variables qui dépendent du degré de développement social : la morale, l'économique, la politique, la métaphysique. « Depuis vingt-cinq siècles qu'existent les sciences morales et politiques, écrit-il, elles n'ont rien fait pour le bonheur de l'humanité ».

Peut-être ne méconnaîtrait-on pas la pensée de Fourier en ne reconnaissant qu'une science fixe, celle des mathématiques ; les autres sciences seraient les sciences des mouvements, c'est-à-dire des évolutions résultant de la combinaison de la force-esprit (dont l'ensemble est quelquefois dénommé Dieu par Fourier) avec la substance, conformément aux mathématiques (1).

Ces mouvements sont :

1º Le mouvement (ou évolution) matériel, combinaison de la force et de la substance ordinaire donnant la matière pondérable ;

2º Le mouvement aromal, combinaison de la force et de la substance rare donnant la matière relativement impondérable (2) ;

3º Le mouvement vital, évolution des corps vitalisés ou de la matière pondérable vivante ;

4º Le mouvement psychique, évolution des êtres psychiques ou de la matière relativement impondérable vivante, qui combinée avec la ma-

---

(1) « L'éternité est sans bornes au passé comme au futur » Fourier, Association Domestique Agricole, tome I, page 249. « Le système de la nature ne se composant que de mouvements divers, la recherche du système entier doit donc comprendre la théorie de tous les mouvements. » (Fourier, Manuscrits, cote supplémentaire de l'inventaire, 116ᵉ pièce en date de 1813).

(2) « La substance qui emplit l'espace est sans cesse traversée par des ébranlements de toutes sortes, dont nous ne connaissons vraisemblablement qu'une partie, ébranlements qui s'entrecroisent en tous sens, et qui pourraient, à la rigueur, donner naissance, en se frôlant, à des mouvements tourbillonnaires, analogues à ceux dont les atomes sont le siège, et créer ainsi de la matière. » Ed. Perrier, *La Terre avant l'histoire*, 1920, page 3. Voilà la réhabilitation des colonnes aromales, etc., de Fourier.

tière pondérable vivante donne les êtres psychiques incarnés, et qui combinée avec la matière aromale donne les êtres psychiques éthérés.

5° le mouvement social, humain, etc. Cette évolution prise en général est l'évolution universelle, prise en particulier, c'est l'évolution des collectivités.

Fourier avait, en effet, après 1808, admis un cinquième mouvement.

L'étude intégrale d'un mouvement comprend l'étude de ses causes, de ses effets, et de ses fins ou buts. Cette universelle détermination des choses, l'une par l'autre, correspond au déterminisme universel des philosophes.

Il doit y avoir analogie dans les cinq mouvements, et la connaissance des lois de l'un, conduit à la connaissance des lois des autres. Le monde spirituel étant le plus facile à connaître permet de compléter l'étude du monde matériel dont Newton a expliqué le mouvement matériel par attraction. Le mouvement matériel par attraction est *analogue* » au mouvement passionnel par attraction ou attraction passionnée. Il y aura une attraction et une répulsion matérielle, aromale, vitale, psychique, sociale, d'où la formule : « Les Attractions sont proportionnelles aux Destinées ». Cette formule, dit Cantagrel, dans *Le Fou du Palais Royal*, p. 258, règle tous les ordres de phénomènes ; vraie pour la sphère physique, elle est vraie aussi pour la sphère intellectuelle ».

Un mouvement se divisera en périodes. Chaque

période aura deux vibrations (1), une vibration ascendante et une vibration descendante. Les vibrations se trouvent dans tous les détails du mouvement, dans sa marche, dans sa forme, dans ses emplois. Chaque vibration se divise en deux phases, d'où quatre phases pour chaque période, auxquelles il faut ajouter un foyer ou durée focale et deux transitions ou durées de transition.

La division par phases est celle qui se reproduit le plus fréquemment. « On doit désigner séparément le foyer qui doit comprendre 1/9e de la carrière en estimation générale » (Fourier, *Harmonie Universelle* t. I, p. 67). Un mouvement comprendra donc : la transition antérieure, la première phase, la deuxième phase, le foyer divisé en hyperfoyer et en hypofoyer, la troisième phase, la quatrième phase, la transition postérieure. Les phases ne se divisent pas en quatre portions égales, il faut faire pencher la balance numérique du côté ascendant ou majeur, le côté descendant étant dénommé mineur. « Remarquons, écrit Fourier, les lois de cette inégalité dans la musique, oracle fidèle des plans de Dieu sur l'Harmonie ».

De l'étude de ces mouvements, découlent : des classifications et des nomenclatures ; des sciences abstraites temporaires (puisque les conditions des phénomènes changent constamment) ; des théories : physique, chimique, etc. ; des méthodes des sciences descriptives : astronomie, géologie,

_______________

(1) « Tous les phénomènes de la nature sont produits par des vibrations. » Lavignac, La Musique et les Musiciens, page 2.

géographie, histoire, langues, etc. ; des arts ; des techniques.

Ailleurs Fourier donne la classification suivante :

I. — Sciences, divisées en sciences fixes, sciences conjecturales ou descriptives et sciences variables ;

II. — Théories et Mouvements ;

III. — Les Arts et les Techniques.

Voici comment Fourier expose ses recherches :

« Je soupçonnai que les attractions et propriétés des animaux, végétaux et minéraux, étaient peut-être coordonnées au même plan que celles de l'homme et des astres ; c'est de quoi je fus convaincu après les recherches nécessaires ».

Ainsi Fourier déclare dans le manuscrit intitulé *Cosmogonie* (publié dans *La Phalange*), p. 380 : « Les lois de l'accélération en progression impaire de la chute des corps, déterminées par Galilée, s'appliquent à un grand nombre de phénomènes sociaux ».

« J'avançais, continue Fourier, dans un nouveau monde scientifique ; ce fut ainsi que je parvins gradativement jusqu'au calcul des Destinées universelles ou détermination du système fondamental sur lequel furent réglées les lois de tous les mouvements présents, passés et à venir (c'est-à-dire de toutes les évolutions).

« Ces découvertes (la théorie de l'Attraction et l'unité des Quatre Mouvements) m'en dévoilèrent d'autres dont il serait inutile de donner ici la nomenclature ; elles s'étendent jusqu'à la littérature et aux arts, et établiront des méthodes fixes dans toutes les branches des connaissances humaines » (*Fourier, L'Harmonie Universelle*, t. I, p. 27)

« J'apporte, écrit Fourier, plus de sciences nouvelles qu'on ne trouva de mines d'or en découvrant l'Amérique ». « Mais, ajoute-t-il prudemment, n'ayant pas les lumières nécessaires pour développer ces sciences, *je n'en prendrai pour moi qu'une seule, celle du mouvement social* ; j'abandonne toutes les autres aux érudits des diverses classes, qui s'en composeront un magnifique domaine ».

Comme à la structure sociale se superposent une série de structures, les langues, les arts (théories et applications), les techniques, les institutions, les religions, les conceptions scientifiques, il y a aussi une évolution de ces superstructures coordonnée à l'évolution sociale. Ces superstructures sont, en effet, des créations sociales, et on ne pourrait les isoler de la forme de société qui leur a donné naissance. Chaque moment de l'évolution d'une superstructure sociale peut être systématisé ou mis en théorie, comme il peut donner lieu à des applications.

ARTICLE II. — **Division sériaire des mouvements**

Mais, c'est surtout par la conception de l'universalité de la loi sériaire que Fourier doit être considéré comme un précurseur scientifique.

« La série distribue les harmonies au sein de l'ordre universel » dit Fourier, et, dans ses *Prin-*

*cipes de Sociologie*, Introduction, p. 25, le docteur
Barrier déclarera : « La série reflète l'harmonie,
c'est-à-dire l'ensemble coordonné des rapports
propres à ces êtres ou à ces faits ».

Le docteur Barrier, dans l'ouvrage précité,
t. II, p. 28 et suivantes, a essayé de donner un
aperçu méthodique de la loi sériaire. Il rappelle
que Montesquieu désigne par le mot loi « tout rapport nécessaire résultant de la nature des choses ».
Les lois naturelles sont donc les rapports nécessaires
dont l'esprit humain cherche à exprimer les formules. Quant au lois artificielles, elles peuvent être
tout au plus des approximations. Un rapport est
subordonné aux choses, êtres ou phénomènes, dont
il dérive, c'est un lien de différence ou de proportion, une chaîne, une série (même racine) que notre
esprit établit entre ces êtres ou ces phénomènes
soumis à une disposition particulière les uns à
l'égard des autres. Une loi n'est, en définitive, que
l'expression des rapports des diverses parties d'un
ensemble sérié (ou sériaire), et cette loi, qu'on en-
visage les parties ou le tout, est toujours dans sa
généralité la loi sériaire, la série.

La science consiste à classer tous les êtres et
tous les phénomènes, à déterminer les séries dont
les uns et les autres font partie. « Toute science ne
progresse qu'en créant ou perfectionnant ses séries
au moyen d'une distribution exacte des choses qui
forment son domaine, par une détermination pré-
cise des causes et des effets dont elle étudie le mécanisme, de manière à construire un ensemble où
se reflètent au même degré l'unité et la variété

dans tous leurs rapports réciproques, t. II, p. 30) ».

« La loi sériaire exprime des idées aussi anciennes que l'entendement humain. A peine ébauchée, toute classification exprime l'ordre suivant lequel les êtres et les faits sont rapprochés les uns des autres, soit dans le monde des réalités, soit dans celui de la pensée ».

Le docteur Barrier ne fait aucune difficulté de reconnaître que Fourier n'a pas inventé la série, en effet, la théorie des séries « logiques » constitue la partie la plus importante de l'analyse mathématique, créée par les travaux de d'Alembert, d'Euler, des Bernouilli, de Lagrange, du mathématicien baron Fourier, de Cauchy, de Rieman, etc.

Mais, il reviendrait au sociétariste Fourier le mérite d'avoir reconnu que les propriétés des séries « logiques » pouvaient s'appliquer à tous les êtres et à tous les phénomènes. Il reste à savoir, si, comme l'affirme le docteur Barrier, Fourier a donné l'exacte formule de cette application universelle. Proudhon qui a si souvent vilipendé Fourier, le prétendait, en ne craignant pas de s'infliger un énorme démenti : « le révélateur de la loi sérielle (*sic*) fut Fourier, génie... d'un instinct divinatoire prodigieux qui s'élance d'un bond, sans analyse, (!) et par intuition à la loi suprême de l'Univers ». (Proudhon, *De la Création de l'Ordre dans l'Humanité*, (p. 176 et 177). Peut-être convient-il de dire que Fourier a pressenti la loi sériaire.

En fait, la classification des êtres ou des phénomènes, est basée sur la détermination des ressemblances et des différences existant entre les êtres ou les phénomènes mis en parallèle. On constate les ressemblances (c'est la thèse) et les différences (c'est l'antithèse) par l'observation appliquée à l'analyse ou décomposition des caractères, des propriétés qui sont inhérents aux êtres ou aux phénomènes. C'est par la synthèse qu'on assemble les faits que l'on a isolés.

Des êtres ou des phénomènes de catégorie différente peuvent être assemblés en séries présentant entre leurs termes des rapports logiquement identiques, il y aura en ce cas analogie, ressemblance entre ces séries, bien qu'elles soient *catégoriquement* différentes.

C'est par ces *analogies logiques* que ces séries peuvent se classer dans une série supérieure qui réalise pour elles un lien d'unité.

Ces séries, ces chaînes sont analogues sans être identiques. C'est la constitution en série des caractères universels d'analogie, qui constitue la série, la chaîne universelle, ou plutôt la loi sériaire universelle.

Considérés au point de vue des catégories non-contingentes (essence, cause, temps, espace, nombre), les divers termes d'une série n'ont entre eux que des rapports d'essence, de causalité, de temps, de situation, de nombre qui peuvent se réduire à des rapports de quantité positive ou négative.

Considérés au point de vue des catégories contingentes, les êtres et les phénomènes subissent une suite, c'est-à-dire une série de changements, qui constituent l'évolution de ces êtres et de ces phénomènes dans le temps et l'espace. L'évolution d'un être, individuel ou collectif (je résume en ces dernières phrases le docteur Barrier), ne se compose pas de fractions uniformes, différentes seulement de nombre et de durée, et n'exerçant qu'une influence égale ; au contraire, chaque partie est un organe, et tous les organes sont hiérarchisés, de manière à offrir une progression croissante et décroissante autour d'un organe supérieur et d'une fonction prééminente, qui sont, suivant l'espèce, apogée, centre, phase supérieure, pivot, élément capital de la série.

« Toutes les séries sont unitarisées par la loi des transitions, par l'existence des ambigus et par la possibilité de les faire toujours rentrer dans une série supérieure plus grande ».

Fourier distingue les séries en séries libres et en séries mesurées, la transition des unes aux autres est opérée par les séries mixtes.

Les séries libres sont celles dans lesquelles le nombre des termes peut être illimité : elles peuvent se diviser en séries libres simples et en séries libres composées, et peuvent être naturelles ou artficielles.

Les séries libres simples peuvent être confuses ou ordonnées.

Les séries confuses consistent donc un arrangement confus des divers termes d'un groupe de faits, d'êtres ou d'idées, ainsi la suite des nombres 2. 8. 5. 10, ainsi encore les faits bruts donnés par les dénombrements statistiques, etc...

Dans les séries simples ordonnées, les divers éléments dont se compose la série, sont rangés dans un ordre déterminé, d'après tel ou tel caractère pris pour terme de comparaison. Ainsi on peut considérer les nombres au point de vue des quantités qu'ils expriment, pour les placer dans un ordre régulier croissant ou décroissant : La série confuse précédente deviendra la série ordonnée :

2. 5. 8. 10 ou 10. 8. 5. 2.

Cette gradation peut être régulière, si la différence entre deux nombres contigus est toujours identiquement ou proportionnellement la même, elle est irrégulière, dans le cas contraire. L'élimination des irrégularités d'une série, donnera deux séries : l'une régulière, l'autre irrégulière qui sera constituée par les irrégularités éliminées de la première. Le même procédé de rectification peut être employé pour la deuxième série irrégulière etc. etc.

La série libre ordonnée composée est celle qui résulte de la combinaison de deux séries simples ordonnées en sens inverse l'une de l'autre.
Ainsi : la série simple ascendante  3.  6. 9. 12. 15
    »   descendante 15, 12, 9,  6,  3
la jonction des termes correspondants donne. . . . . . . . 18, 18, 18, 18, 18

On a donc la série 3-15, 6-12, 9-9, 12-6, 15-3.

De même pour les âges de la vie humaine, si on admet 16 âges, on aura la série libre composée suivante : 1-16, 2-15, 3-14, 4-13, 5-12, 6-11, 7-10, 8-9. Suivant Fourier, cette série indiquerait les sympathies entre âges différents (!).

La série contrastée est la même série en dispo

sition directe et en disposition inverse, l'engrenée est un amalgame des trois séries.

Les séries libres composées sont un acheminement aux séries mesurées.

Assimilant les groupes humains aux termes d'une série numérique, Fourier, peut être sous l'empire de l'enseignement régimentaire, déclare qu'il y a série simple partout où il y a trois groupes humains, parce qu'ils doivent se distinguer en un groupe de centre et deux groupes d'ailes. Mais évidemment, quand on veut avoir des groupes ordonnés comme dans l'armée, et non des groupes confus, il ne peut exister de série équilibrée en dehors de sept groupes. En effet, comme le centre doit toujours être inégal aux deux ailes, on doit placer au moins trois groupes au centre, quand on en place deux à chaque aile, ce qui nécessite sept groupes. Il convient de se souvenir qu'à l'époque de Fourier, et depuis les les stratèges grecs, la disposition des hommes et des troupes, tant dans les marches que dans les combats, semblait être une application de figures géométriques. Le choix du mot « phalange », indique bien cette filiation des conceptions de Fourier.

Toute série humaine, simple ordonnée, doit être disposée à la manière des séries géométriques dont elle a les propriétés, entre autres, celle de l'influence des groupes extrêmes égale (à peu près !) à la double influence du groupe moyen.

Dans le *Traité de l'Association Domestique-Agricole*, t. II, p. 446, Fourier donne aux divers degrés d'une échelle d'êtres, de phénomènes, de faits, les noms de classe, ordres, genres, espèces, variétés, ténuités, minimités, infinités. Les séries du tableau de cette page 446 me paraissent analogues à celles qui sont employées par Képler dans la *Digressio politica* des *Harmonices Mundi*, ouvrage que Considerant me déclarait être une des sources des conceptions de Fourier (le titre exact est : *De tribus medietatibus digressio politica*).

En effet, la série mesurée 1. 4. 12. 48. 144. 576. 1728. 6912, est donnée par les opérations suivantes : $1 \times 4$, $4 \times 3$, $12 \times 4$, $48 \times 3$, $144 \times 4$, $576 \times 3$, $1728 \times 4$.

La série mesurée comprend des nombres fixes de termes avec des termes « pivotaux » et des termes de transition. Ces séries se divisent en séries naturelles et séries artificielles.

En suivant toujours l'analogie musicale, Fourier classe les séries mesurées naturelles en : 1° séries chromatiques ou en rapport consécutif comme la suite naturelle des nombres (par analogie à la succession ininterrompue des couleurs) ; 2° séries diatoniques où les relations s'établissent en isolant les dièzes et les bémols ; 3° en séries enharmoniques ou contrastées où les rapports des groupes s'établissent par accords de tierce, quarte, quinte, sixte, septième. Peut-être Fourier s'est-il inspiré sur ce point des rectifications apportées par Képler dans *La Digressio politica* aux théories de Bodin, qui essaya d'expliquer les harmonies politiques au moyen d'analogies mathématiques ; mais il n'existe aux Archives Sociétaires aucune pièce à l'appui de cette supposition que je ne puis fonder que sur une réflexion de Considerant et un article de Transon.

Les séries mesurées artificielles, dit Fourier, sont une conception vaste qui ne pouvait naître que chez des nations initiées aux arts et à la grande industrie. Mais ce n'est guère aux cultures et manufactures qu'on applique les séries mesurées ; elles s'appliquent à des distributions invariables comme les distributions administratives ou religieuses (ex. ; Fourier, *Phalange*, 1845, p. 371). Il est donc superflu de s'appesantir sur ces rêveries képlériennes, si l'on s'en tient à l'organisation industrielle, c'est-à-dire à l'organisation du travail attrayant. « La série puissancielle tend à unir des masses de Phalanges ou de provinces dans l'exercice d'une industrie ou d'une passion (*Association Domestique-Agricole* t. II, p. 432). Elle établit des liens naturels d'industrie entre les diverses nations. Elles opèrent sur des caractères au lieu d'opérer sur des groupes ».

Les séries mixtes, dit à un endroit Fourier, seraient celles qui peuvent se distribuer en proportion au lieu de progression ; il les définit ailleurs, un mélange de série libre et de série mesurée. Une série mixte artificielle correspond, dans le langage, à la prose poétique ou à la prose mêlée de vers.

Les séries peuvent être logiques ou bien réelles. Les séries logiques sont, par exemple, les séries numériques. Les séries réelles sont celles qui existent objectivement, elles peuvent être naturelles ou artificielles. Parmi les séries naturelles, la plupart constituent des séries simples ; un huitième seulement des séries naturelles, formerait des séries mesurées ou séries en mesures analogues aux séries musicales, dites séries harmoniques, ainsi les séries chromatiques ou de couleurs, les séries chimiques.

L'ordre mesuré a divers essors dans les arts plastiques (les lois des proportions), la danse (les mouvements rythmiques), la poésie (chaque vers est une série mesurée).

Cette partie képlérienne de l'œuvre de Fourier semble avoir bien embarrassé ses disciples. « Après des recherches prolongées et de savantes études sur la série, M. H. Doherty lui-même avoue n'avoir pu découvrir la clef de la méthode de Fourier. Il nous coûte peu de faire le même aveu. » (Docteur Barrier, *Principes de Sociologie* t. II, p. 55). Si l'on examine ce que Fourier a écrit sur la série mesurée artificielle *(Phalange)*, 1845, p. 367) on peut cependant entrevoir la clef de cette méthode.

« La série mesurée vient des nombres fixes de groupes avec un groupe foyer. Elle exige 7. 12. 32. 134. 404 groupes avec un foyer. Les accords de ces groupes s'établissent en même rapport que ceux des notes d'une octave musicale, qui est boussole de direction dans toutes les hautes harmonies, tant passionnelles que matérielles ».

Si l'on suppose, par analogie, une série exerçant douze variétés d'un industriel ou d'un genre de recherches scientifiques et adaptant douze groupes, et le pivotal à chacune des variétés, en les classant par progression voisine de travaux, « les accords et discords de ces groupes seront en même rapport que ceux des treize notes de la gamme selon le tableau suivant :

Gamme des notes :

    ut ♯  ré ♯      fa ♯  sol ♯  la ♯
  ut    ré   mi   fa   sol   la   si   ut

Gamme des groupes :

  2    4      7   9   11
1   3   5   6   8   10   12   ✕

Les notes contiguës ne s'accordent pas en gamme musicale, il en sera de même de cette gamme de douze groupes, exerçant douze variétés industrielles, scientifiques ou artistiques. Le groupe 5 ne s'accordera nullement avec les 4 et 6. Le groupe 5 s'accordera bien avec les groupes de tierce, les numéros 1 et 8 et même avec 2 et 9. Les groupes voisins ne peuvent concorder en série, de même qu'en musique une note s'accorde avec ses tierce, quarte, quinte ascendantes et descendantes, mais nullement avec ses touches contiguës. »

De certains passages de Fourier, il paraît que les chiffres de cette série mesurée 7, 12, 32, 134, 404 (série qui revient si souvent dans les calculs d'harmonie) sont basés sur le jeu de l'orgue. D'ailleurs, déjà pour Képler, le monde sidéral est un grand orgue, dont Dieu est l'exécutant.

Les premiers chiffres de la série dite harmonique de Fourier correspondent : le chiffre 7, aux degrés de la gamme diatonique ; le chiffre 12, aux degrés de la gamme chromatique ; le chiffre 32, au clavier d'orgue ». L'étendue ordinaire d'un clavier d'orgue dit Lavignac dans la *Musique et les Musiciens,*

p. 101, est quatre octaves et demie » d'où 32 touches
simples et le pivot. Dans une lettre à Muiron, en
date de Belley, 5 avril 1819, Fourier écrit : « Comment Dieu composerait-il un *clavier passionnel*,
s'il ne créait pas des caractères où chacune des
douze passions dominât ». Quant aux chiffres 134
et 404, ils correspondent probablement aux combinaisons des jeux de l'orgue.

Voici trois textes qui semblent justifier cette
assertion :

« Quant à l'homme social, industriel et moral,
il se compose d'une réunion sociétaire des différentes échelles de caractères, distribués comme
les tuyaux d'orgues par octaves et subdivisions
d'octave, en triple catégorie de basse, medium
et dessus ». (Fourier, *Le Phalanstère*, 1re année,
p. 68, l'article est intitulé : *Revue des Utopies du
XXe Siècle*). « Les passions étant distribuées
par douze comme les sons musicaux et ayant dans
leurs développements une parfaite analogie avec
les claviers, octaves et tons musicaux, je ne puis
emprunter, pour décrire ces effets, de termes plus
techniques, plus précis que ceux déjà admis en
théorie musicale ». (Fourier, Association Domestique-Agricole p. 144).

A propos des vents, Fourier écrit encore : « Leur
système général doit porter les noms de clavier,
octave, touches, etc., affectés à toutes les séries
mesurées de mouvement ».

Fourier avait l'intuition qu'il fallait employer
la méthode sériaire en science sociale. « Les problèmes sociaux s'enchaînent, tous sont liés ; en les

déduisant franchement les uns des autres, on s'imposerait la tâche effrayante d'une foule d'études nouvelles » (Fourier, *Fausse Industrie*, t. II, p. 492). Ainsi, encore Fourier, dans *Le Nouveau Monde Industriel*, paru en 1829, décrit tous les effets de la « crise pléthorique de 1826 », et je lis à ce sujet dans une lettre de Wladimir Gagneur, avocat, adressée à Fourier, le 13 octobre 1836, (j'ai classé cette lettre dans la correspondance reçue par Fourier — *Archives Sociétaires*) les lignes suivantes :

« J'ai quelques documents et quelques citations encore à vous envoyer. Charles Dupin remarquait cette année à l'Académie des Sciences, que, dans les variations d'abondance ou de disette des grains, la nature procédait toujours par séries. Ainsi de 1820 à 1826, les prix ont été bas ; de 1827 à 1833, élevés ; enfin,que de 1833 à 1836, ils étaient tombés très bas.

Cette observation s'applique aux temps les plus anciens, puisque les historiens nous parlent de même pour l'Egypte de sept années d'abondance, et de sept années de disette » (1).

(I) L'avocat Wladimir Gagneur, devenu ami de Jules Grévy, fut élu député après 1870, sa femme se fit une réputation comme auteur de romans. On doit à M<sup>me</sup> Syamour, fille des précédents, le buste de Considerant, érigé à Salins.

## Article III. — **Détermination des séries**

La subordination aux mathématiques des lois sociales avait été indiquée bien avant Fourier.

« Le monde politique, aussi bien que le physique, se règle par poids, nombre et mesure. », déclare Fontenelle, dans *L'éloge de Montmort*. Condorcet. avait écrit : « L'application du calcul des combinaisons et des probabilités aux sciences (morales, économiques et politiques), permet des progrès d'autant plus importants qu'elle est à la fois le seul moyen de donner à leurs résultats une précision presque mathématique et d'en apprécier le degré de certitude et de vraisemblance ». (Condorcet, *Esquisse des Progrès futurs de l'Esprit humain.*)

« Sans l'application du calcul, souvent il serait impossible de choisir, avec quelque sûreté, entre deux combinaisons formées pour obtenir le même but, lorsque les avantages qu'elles présentent ne frappent point par une disproportion évidente » (idem).

Aussi, Fourier peut-il écrire dans *La Phalange* (1) : « Il doit exister une théorie d'harmonie géométrique pour le monde social, comme pour le monde matériel, et il faut recourir à une politique sociale calquée sur la théorie newtonienne d'équilibre

(1) Cette citation est empruntée à la page 244 d'un des tomes de la revue La Phalange.

matériel de l'univers... La politique n'agira plus
en mode simple, fondé sur la raison seule, mais
en mode composé, puisqu'elle associera la raison
à un de ses appuis naturels qui est la géométrie.
Telle est la base du plan que je pense proposer à
ceux qui voudront fonder une société propre à
obtenir la confiance et réunir en peu de temps,
les capitaux nécessaires à la fondation d'une
phalange d'Harmonie sociétaire ». Fourier et ses
adeptes se sont plu aussi à citer ce passage de *La
Sagesse*, chapitre XI, § 21; dans lequel Salomon
est censé dire à Dieu : « Tu as tout disposé avec
nombre, poids et mesure. » Mais ce petit traité
est écrit en grec, et a été composé vraisemblablement à Alexandrie, vers 130 avant J.-C.; cet
alinéa si souvent rappelé, peut donc n'être qu'un
reflet des théories pythagoriciennes, en tout
cas, Salomon ne fut que le prête-nom de l'auteur.

Bien que Fourier (dans L'*Association Domesti-
tique-Agricole*, t. I, Arrière Propos, p. 588) renvoie
aux géomètres pour l'application mathématique
de sa théorie, il ne pouvait oublier qu'il avait
été un moment chef du bureau de la statistique
à la Préfecture du Rhône (il fut plus tard membre
honoraire de la Société Française de Statistique
Universelle), et ses ouvrages abondent en apercep-
tions des méthodes modernes. De plus, Considérant, dans une lettre de 1840 où il posait sa can-
didature au poste de bibliothécaire à l'Ecole Polytechnique, écrit : « Je me propose même de *publier*
ultérieurement un *Essai sur l'application de la
Théorie des fonctions aux Matières économiques*, un

essai appartenant à l'ordre d'idées scientifiques qui a conduit M. Augustin Cournot à écrire les *Recherches sur les principes mathématiques de la Théorie des Richesses*, ce savant distingué a fait des fonctions abstraites, un usage nouveau que je crois très fécond et très capable d'étendre considérablement le domaine des mathématiques appliquées en les appliquant à des tranches de faits » (1). Je ne sais où se trouve le manuscrit de Considerant. Mais il convient de remarquer que MM. Gide et Rist dans leur *Histoire des Doctrines Economiques*, p. 630, déclarent que pendant bien des années pas un seul exemplaire de l'ouvrage de Cournot, paru en 1837, ne fut vendu, cela indiquerait que Cournot dut être en rapport avec Considerant qui voulait compléter son œuvre. Le frère aîné de Considerant était d'ailleurs professeur de mathématiques dans un lycée, peut-être était-il en relation avec Cournot (2) ?

En 1826, Fourier publiait un petit opuscule intitulé : *Mnémonique géographique* ou *Méthode pour apprendre en peu de leçons la Géographie, la Statistique et la politique extérieure*. Il se propose même comme professeur de statistique et de politique. «L'inventeur de cette méthode, imprime-t-il ; donne des leçons en ville : il se rendra chez les per-

(1) La minute de cette lettre se trouve aux Archives Sociétaires, dans les papiers laissés par Victor Considerant.

(2) Il convient aussi de remarquer que Transon, l'ancien Saint-Simonien devenu fouriériste, insistait énormément sur les analogies entre les conceptions de Fourier et celles de Képler (Archives Sociétaires, lettres). Il termina sa carrière en qualité de répétiteur d'analyse à l'Ecole Polytechnique.

sonnes qui le feront appeler, et joindra au besoin d'autres branches d'enseignement aux trois qui ici sont proposées. Ch. Fourier, rue Neuve-Saint-Roch, hôtel Saint-Roch, 39 ». Le propagandiste de la théorie sociétaire démontre ainsi l'utilité de ces études :

« Aujourd'hui, l'éducation doit allier les voies de fortune avec celles d'instruction. Le négoce des fonds publics tourne tous les regards vers la Politique. Une voie d'enseignement rapide en ce genre est ouverte ; elle doit fixer l'attention de quiconque a des enfants à former pour le haut commerce, la banque, les rôles d'homme d'Etat, fonctionnaires diplomatiques, administratifs et autres carrières où l'on ne peut figurer avantageusement sans une connaissance approfondie de la Politique extérieure et de la géographie... Si l'on questionne cent jeunes gens, aucun d'eux ne pourra répondre sur la Politique, objet principal des études géographiques. Ils regardent comme boussole toutes les sornettes diplomatiques ; vrais perroquets, ils ne savent en géographie que des mots ».

« Depuis, continue-t-il, que les capitalistes et commerçants font des placements habituels en fonds publics, l'étude de la politique extérieure, de la géographie et de *la statistique* leur devient nécessaire comme moyen d'apprécier le crédit des gouvernements emprunteurs... Ajoutons qu'à la première guerre continentale (on a attendu près d'un siècle, mais la prévision de Fourier s'est hélas réalisée), tous les Etats européens redoubleront d'emprunts, souscrits à 35 ou 30 % de perte :

l'Europe sera inondée de papiers fiscaux, dont les emplois lucratifs ravaleront de plus en plus l'agriculture ».

« On ne juge clairement du crédit journalier des gouvernements qu'autant qu'on est versé dans la Politique extérieure et *la Statistique*, deux sciences dont la Géographie est la clef ».

« En principe, dit-il, pour donner une âme à la science, il faut lui associer une action appliquée au pays auquel appartient l'étudiant, c'est un moyen de passionner l'écolier et de faciliter la mémoire ».

Fourier emploie très souvent les méthodes de la statistique à l'appui de ses raisonnements. Voici par exemple un tableau du bonheur des classes durant les périodes sociales, qui établit nettement l'ancienneté (relative) de certains procédés modernes :

Tableau du bonheur des classes durant les diverses périodes sociales.

| | | Classes économiques | | | Total du bonheur par période |
|---|---|---|---|---|---|
| | | Pauvres | Moyens | Riches | |
| Périodes Sociales | Barbarie. . . . . | — 1 | 0 | + 1 | 0 |
| | Civilisation . . . | 0 | + 1 | + 2 | + 3 |
| | Garantisme . . . | + 1 | + 2 | + 3 | + 6 |
| | Sérisophie. . . . | + 2 | + 3 | + 4 | + 9 |
| | Harmonie simple | + 3 | + 4 | + 5 | + 12 |
| Total du bonheur par classe. | | + 5 | + 10 | + 15 | |

Analyse du terme moyen 0 de bonheur pour les plébéiens civilisés :

Populace, gueusaille. . . .    — 1
Salariés, petits ouvriers . .   + 1
Artisans, petits fermiers . .     0

Total...    0

(Fourier, *La Phalange*, de la Sérisophie, p. 432).

Fourier répète constamment qu'en matière sociale il ne peut énoncer que la loi probable, une loi comportant généralement un huitième d'exception, cette remarque doit être relatée parce qu'elle est souvent faite dans l'enseignement actuel de la statistique (l'exception suivant Fourier peut varier de 1 /3 au 100ᵉ et au 1000ᵉ).

ARTICLE IV. — **Méthode en Science sociale et conditions sociales des progrès scientifiques.**

Si le terme de Sociologie est dû à Auguste Comte, l'étude des faits sociaux a été tout autant l'objet des travaux des membres de l'Ecole Sociétaire qu'elle a été celui des recherches des membres de l'Ecole positiviste.

Depuis la révolution de 1848, toutes les publications sociétaires, tant en France qu'à l'étranger, vulgarisèrent les données sociologiques. Conformément aux principes posés par Fourier, l'objet et le but de cette science sont nettement indiqués dans les *Principes de Sociologie* du docteur Barrier.

« La *Sociologie*, dit-il au t. I, introduction p. 13, a deux aspects ; elle est théorique et pratique. Elle part de l'observation des faits, puis les généralise pour s'élever aux lois dont les formules constituent la théorie ou science proprement dite. Si l'on tend au contraire à l'application de ces lois, si l'on cherche les moyens effectifs d'améliorer la société, on entre dans le domaine de l'art ». Cette définition de Barrier est si exacte que M. le professeur Deschamps la reprenait textuellement, il y a trois ans, au début du cours qu'il faisait à la Faculté de droit de Paris sur les doctrines Socialistes.

« On doit demander, continue Barrier à la p. 14 : 1º qu'une théorie de la Société ait pour point de départ les faits bien observés, c'est-à-dire une étude exacte de la nature de l'homme, et des formes que la vie sociale de l'humanité a revêtues jusqu'à présent ; 2º Que ces éléments, puisés dans l'observation et soumis à une critique rationnelle, soient méthodiquement classés, généralisés, formulés en lois, de manière à saisir le rapport et l'enchaînement des causes et des effets ; 3º Que les conséquences pratiques soient logiquement déduites des principes, sans trop prétendre à une exactitude rigoureuse dans l'application ».

L'Ecole Sociétaire a mis de plus en évidence le rôle de l'expérimentation en toutes les branches de l'Economique qu'il s'agisse des Economies individuelle, familiale, agricole et industrielle, communale, régionale, nationale ou mondiale. « Nous sommes des ingénieurs sociaux » aimait à répéter

Considerant, et je puis rappeler que l'ingénieur (professionnel) Léon Donnat, auteur de *La Politique Expérimentale* fut un des rédacteurs de l'*Economiste Français* de Jules Duval.

La politique (au sens large), est la science de la création et du fonctionnement des sociétés humaines, ou, pour prendre une image anthropomorphique, la connaissance des lois fondamentales de l'hygiène du corps social. Déterminer ces lois, dit Considerant dans l'Avant-propos du *Manifeste de l'Ecole Sociétaire*, c'est fixer les conditions régulières de la stabilité et du progrès, de la conservation et du renouvellement qui sont les conditions de la vie de tous les êtres organisés et de la vie universelle. Le caractère de l'organisation sociale parfaite serait d'assurer le maintien absolu de l'ordre pendant le développement accéléré du progrès, et de garantir les libertés individuelles sans porter atteinte aux intérêts généraux.

La politique, au sens courant de ce mot, n'est donc qu'une branche de la science sociale, celle qui doit faire connaître à la Société les conditions régulières de son fonctionnement dans la forme sociale présente. Quant aux réformes qui doivent faire passer la Société actuelle à une forme sociale supérieure, leur nature est déterminée par une autre branche de la Science sociale, la Science du Mouvement Social. Il s'agira, à l'aide de procédés divers, de dégager de l'ensemble confus des faits, par une démonstration scientifique, les faits généraux qui permettront d'établir des hypothèses sur les tendances du mouvement social, et d'accélérer ce mouvement dans l'intérêt général. Des expérimentations bien conduites pourront seules vérifier si les hypothèses sont conformes à la vérité.

Le but prochain des efforts de l'Ecole Sociétaire, déclare Considerant, ce sont les expériences locales. Même si la théorie constructive sociétaire était démontrée fausse par l'expérience locale, l'Ecole Sociétaire serait encore supérieure à tous les partis en préconisant seule, un procédé de vérification dont ces partis ne veulent pas entendre parler.

L'Ecole Sociétaire proclame vicieux l'état politique, économique et moral de la Société actuelle, et elle en demande la transformation en un état meilleur, par des voies et par des moyens que la raison puisse approuver, que l'expérience puisse confirmer et que tous les intérêts puissent accepter.

La conception politique générale de l'Ecole Sociétaire se résume donc dans le terme d'expérimentation ou vérification expérimentale. Fourier l'indique très nettement dans ses *Préceptes Philosophiques*, et il rappelle expressément dans *La Fausse Industrie*, t. II, p. 194, qu'il ne fait que se conformer à la méthode de Descartes : « En proposant l'épreuve de l'attraction industrielle, un écrivain appuyé du précepte de Descartes, doute et expérience, obtiendra le plus brillant succès ».

« Nous produisons une théorie dont nous demandons la vérification à l'expérience » déclare Considerant (*Bases de la Politique Positive*, p. 82). « Notre but général est l'établissement de l'Association intégrale des individus, des classes

et des peuples ; notre objet spécial est l'expérimentation de la loi ou du procédé naturel d'Association découvert et préparé par Fourier »
(id. p. 84)

Pour Considerant, les décrets d'un pouvoir législatif quelconque sont impuissants à faire qu'un
mauvais système social soit bon, c'est à l'expérience seule à décider en dernier ressort la valeur
de toute proposition de réforme sociale.

« La Société tout entière, écrit-il, devant laquelle
et pour laquelle se fait l'épreuve d'une innovation sociale quelconque est juge de la valeur de
l'innovation, et c'est l'acceptation libre du procédé nouveau, l'imitation spontanée de la combinaison nouvelle qui expriment le jugement de
l'Humanité » (id. p. 90).

L'opinion publique doit provoquer l'application de la méthode expérimentale aux questions
de réforme industrielle et de progrès social : elle
doit vouloir que l'expérience soit appelée à prononcer sur tous les systèmes qui se présenteront
avec quelque autorité logique. Il faut que la politique passe du domaine vague, incohérent, anarchique et révolutionnaire de l'empirisme, dans le
domaine calme et intelligent de la Science et des
méthodes expérimentales.

« En ouvrant enfin au Progrès social le terrain
pacifique et sûr de l'expérience, cette conception
de la réforme sociale opère, dans l'ordre de ce progrès, une rénovation analogue à celle que Bacon a
opéré dans l'ordre des sciences physiques, mais
bien autrement large, bien autrement féconde,

et imcomparablement plus importante pour l'Humanité » (Considerant, *Manifeste*, p. 11).

Un ministère du Progrès (1), spécialement chargé de faciliter et de régulariser les études des améliorations sociales, doit favoriser l'expérience locale de toute les propositions qui, après une mise en discussion régulière, auraient trouvé quelque créance dans l'opinion publique. Toute expérience doit être partielle ou locale. Son succès doit entraîner l'imitation spontanée par ceux qui en sont spectateurs.

Considerant resta toujours fidèle à cette idée. « Je défie, dit-il, dans le *Gouvernement direct*, p. 46, que l'on imagine une autre voie, dans l'état actuel des choses, qui se puisse comparer à l'expérience pour ouvrir une issue sur la société nouvelle ».

Considerant exagérait lui-même la valeur d'un échec dans une expérimentation sociale ; l'échec ne prouve point l'erreur de l'hypothèse, il démontre seulement la fausseté de l'expérience. L'échec, par exemple, de l'entreprise communiste de l'Icarie, et celui de l'expérience sociétaire du Texas n'impliquent nullement l'inexactitude des

(1) Considérant fit de cette idée le sujet d'une proposition qu'il soutint devant l'Assemblée Constituante le 14 avril 1849. Elle portait création d'un Ministère du Progrès ou de l'Expérience, ayant pour fonctions l'examen et l'essai d'une part des inventions et perfectionnements techniques de l'industrie et des instruments de travail, et d'autre part des propositions d'amélioration sociale présentées sous des formes pratiques et susceptibles de se prêter à des épreuves locales. L'Office actuel des Inventions est la réalisation partielle de cette idée sociétaire.

théories communistes ou sociétaires, mais seulement les mauvaises conditions de l'expérience, soit que les éléments objectifs aient été insuffisants ou mauvais, soit que les éléments humains (hommes, femmes, enfants) aient été dans le même cas, soit encore que la mise en relation des uns ou des autres éléments ait été insuffisante ou fautive. Godin a démontré par le succès du Familistère de Guise le bien fondé de cette remarque.

Enfin, l'Ecole Sociétaire a le mérite d'avoir fait observer que le progrès scientifique était un résultat social. « Le lien des sciences, dit Fourier dans le *Nouveau Monde Industriel*, p. 189, ne suffit pas pour entraîner aux études ; il faut y joindre le lien des fonctions, des individus, des intrigues rivales, choses impraticables en civilisation ». Une ébauche de l'idée de Fourier se trouve réalisée actuellement par l'*Institut International de Coopération Intellectuelle.*

Toutefois, Fourier insiste sur la disgrâce nécessaire aux inventeurs, et voici un passage curieux à divers titres publié dans le volume des manuscrits imprimés en 1853-1856, à la page 348 : « Il me semble que le sort a raison de rendre malheureux ceux à qui il accorde quelque importante découverte. En les condamnant à échouer dans toute autre, il leur rappelle sans cesse qu'ils ont une fonction assignée en ce moment, qu'ils doivent s'y tenir et la remplir. Mais il devrait peut-être aussi leur assigner quelques bonnes mille livres de rente pour leur aider à combattre le zoïlisme et leur permettre de distribuer leurs ouvrages ?

Le sort a raison de disgracier les inventeurs du
côté de la fortune ; s'ils étaient riches, ils man-
queraient les études préparatoires, la manie d'in-
vestigation qui les ont acheminés au succès, et
quand je passe en revue les ( en blanc ) qui m'ont
acheminé  à découvrir la théorie d'unité universelle, je dois convenir que si j'avais eu dix mille
livres de rente, j'aurais glissé sur tous les aperçus
qui m'y ont conduit ; je me serais endormi dans
la mollesse, et la théorie de l'unité universelle resterait à découvrir, tandis qu'elle restera à retrouver
ce qui n'exigera pas plus d'un demi-siècle, d'après
les nombreux indices que je laisserai et la certitude où l'on sera, qu'un homme l'ayant possédée
et trouvée sans indices quelconques, d'autres ne
devront pas s'effrayer de rechercher sur tant d'indices, le secret qu'un homme avait trouvé sans
aucuns chemins frayés ».

# La Conception du mouvement social dans Fourier et Karl Marx

## CHAPITRE I

### La Conception du mouvement social dans Fourier

ARTICLE I. — **Les Prédécesseurs de Fourier**

Qu il y ait une évolution des Sociétés humaines et qu'il soit nécessaire de l'établir, que cette évolution consiste en un progrès continu vers un idéal de perfection des individus et de la société, c'est une conception passée de nos jours dans la conscience de l'Humanité, et qui détermine à leur insu les pensées et les actes des plus humbles comme des plus hauts placés. M. le professeur Truchy, au début de son *Cours d'Economie Politique*, t. I, p. 8, le rappelle aux étudiants : « En matière de science sociale, c'est une grande tâche que de chercher les lois de l'évolution humaine, dont l'évolution économique est l'un des aspects ».

Or, cette conception est récente, puisqu'elle a

remplacé à la fois le dogme de la chute et du péché
originel qui se trouve dans les mythologies et les
religions des temps anciens sous la forme de la
légende de l'âge d'or et de celle du Paradis terres-
tre, et la théorie de la régressivité des Alchimistes,
des Rose-Croix, des mystiques, etc., reprise si
curieusement par Bailly à la fin du XVIII<sup>e</sup> siècle.
Cette théorie du progrès inéluctable est le fonds
de la thèse catastrophique (1) de Karl Marx
que les théoriciens s'obstinent à considérer comme
le créateur de l'interprétation économique de
l'histoire (voir Séligman, *l'Interprétation économique de l'histoire*, trad. française, p. 56).

M. Séligman reconnaît que Marx a eu de nombreux précurseurs, et il cite Vico, Montesquieu,
Buckle, mais il oublie Leibnitz, Turgot, Condorcet
et le véritable créateur de l'interprétation économique de l'histoire : Charles Fourier.

En déclarant que le présent est plein de l'avenir
et chargé du passé, Leibnitz, d'ailleurs louangé
et utilisé par Fourier, formulait le principe de la
pensée fouriériste, hégélienne (2) et marxiste.

Turgot, comme le fait remarquer un membre
de l'Ecole Sociétaire, le docteur Pellarin, dans ses
*Lettres à M. Littré*, déclare dans son deuxième
*Discours sur les Progrès Successifs de l'Esprit
humain* : « Le genre humain, considéré depuis son
origine, paraît aux yeux du philosophe un tout

____

(1) Cette thèse, comme on le verra plus loin, n'est pas la
thèse révolutionnaire, la voie révolutionnaire.

(2) Fourier fut au courant des idées de Schelling, ami de
Hégel, mais je ne sais s'il connut celles de Hégel avant 1830.

immense, qui, lui-même, a comme chaque individu son enfance et ses progrès ». (Cette idée est reprise aussi par Saint-Simon). « La masse du genre humain, continue Turgot, par des alternatives de calme et d'agitation, marche toujours, quoique à pas lents, vers une perfection plus grande ».

Pour Condorcet, dans son *Esquisse d'un tableau historique des progrès de l'esprit humain*, l'homme est un être essentiellement perfectible qui n'a cessé d'avancer par une marche plus ou moins rapide vers la vérité et le bonheur. Les obstacles qui ont arrêté ce développement sont la superstition, résultat de l'ignorance, et la tyrannie, qui ne peut durer que par l'apathie de ceux qui la subissent (cette opinion sera reprise par Fourier). Condorcet divise l'histoire de l'Humanité en dix époques dont la dixième est dans l'avenir. Les quatre premières périodes ne correspondent que partiellement aux divisions admises aujourd'hui par les Sociologues et les interprétateurs économiques de l'histoire. Ce sont : 1º la période des peuples chasseurs ou pêcheurs ; 2º la période de la vie pastorale ; 3º la période de la vie agricole ; 4º la période de civilisation. Fourier, lui, ne prit pas comme caractère pivotal de chaque période le mode technique de la production, et les sociologues actuels considèrent que la chasse, la pêche, l'élevage et l'agriculture ont pu se développer simultanément suivant le milieu, ce que déclarait d'ailleurs Fourier. Les périodes 5, 6, 7, 8, 9 de Condorcet ne sont que des divisions chronologiques.

Quant à la dixième période, voici comment Condorcet décrit cet âge d'or qui est devant nous, ainsi qu'allait dire Saint-Simon :

« Il arrivera donc, ce moment où le soleil n'éclairera plus sur la terre que des hommes libres, ne reconnaissant d'autre maître que leur raison ; où les tyrans et les esclaves n'existeront plus que dans l'histoire et sur les théâtres, où l'on ne s'en occupera plus que pour plaindre leur victimes et leurs dupes ; pour s'entretenir par l'horreur de leurs excès, dans une utile vigilance ; pour savoir reconnaître et étouffer sous le poids de la raison les premiers germes de la superstition et de la tyrannie si jamais ils osaient reparaître ».

Mais où Condorcet se trompa grandement c'est en pensant que les inégalités de richesses et de savoir pourraient disparaître ou du moins être atténuées par la liberté du commerce, de l'industrie, des conventions. L'illustre mathématicien comptait sur la simplicité des mœurs et la sagesse des institutions, sur un système d'assurances sociales en faveur des membres de « la classe la plus nombreuse et la plus active de nos sociétés », et sur la généralisation de l'instruction. Ce programme garantiste, pour employer une expression de Fourier, est aujourd'hui la plateforme des partis radicaux français (1), il a été réalisé partiellement, et... la coupe du bonheur est encore loin des lèvres de l'Humanité.

Mais Condorcet s'élève plus haut et fait pres-

(1) Cette filiation d'idées a été reconnue dans des discours officiels.

sentir l'Harmonie. Le but de l'art social est d'identifier l'intérêt commum de chaque homme avec l'intérêt commun de tous (*sic*) : Fourier va dire, de détruire l'antagonisme des intérêts.

« Parmi les progrès de l'esprit humain les plus importants pour le bonheur général, nous devons compter l'entière destruction des préjugés qui ont établi entre les deux sexes une inégalité de droits funeste à celui même qu'elle favorise ». Fourier déclarera que les progrès des sociétés humaines sont en raison de l'émancipation des femmes.

« Enfin, prophétise Condorcet, les peuples apprendront à regarder la guerre comme le fléau le plus funeste, comme le plus grand des crimes... Des institutions mieux combinées que ces projets de paix perpétuelle... accélèreront les progrès de cette fraternité des nations ».

Fourier avait lu Condorcet, rappeler la filiation de quelques idées générales n'est pas plus diminuer la valeur de son œuvre, que ce n'est diminuer Marx, que d'indiquer qu'il avait lu, tant en anglais qu'en français, les publications phalanstériennes auxquelles il collaborait, et qu'il les avait utilisées.

ARTICLE II. — **Les Périodes insociétaires**

Fourier comprenait à la fin de sa vie que la principale valeur de son système consistait dans son interprétation de l'histoire : « Etant seul possesseur de la nouvelle science du mouvement social et de tout son ensemble... je n'ai le ton tranchant que sur ma science, et je cède le pas sur toute autre » (*Fausse Industrie*, t. II, p. 814).

Pour Fourier, l'étude de la psychologie humaine et spécialement de l'attraction passionnelle conduit logiquement à l'étude de l'évolution de l'Humanité que l'on ne pourrait comprendre si l'on ignorait ce qu'est l'homme. Ainsi que l'a écrit un de ses disciples, Jules Lechevalier : « c'est l'étude de l'Humanité comme être passionnel qui donne la clef de l'histoire, et non pas l'histoire qui donne la clef des destinées humaines ». Fourier tient comme évident que l'homme est naturellement un être destiné à vivre en société avec ses semblables, et avec les animaux supérieurs. L'être qui, par sa nature, pourrait vivre en dehors de la société humaine, serait une créature dégradée ou supérieure à l'homme (1): la paléontologie humaine confirme ces vues en prouvant que l'homme doué de langage est un produit social.

Les sociétés humaines sont donc nécessaires. Elles peuvent être de deux ordres, l'ordre morcelé ou l'ordre combiné, et présenter deux états, l'état insociétaire ou l'état sociétaire. Si l'association est la voie du bien, il résulte de la nature des choses que la méthode opposée, le travail morcelé ou incohérent, devient pour les hommes la voie du mal, et fait régner tous les fléaux opposés à l'esprit du bien, fléaux qui caractérisent les formes sociales de l'enfance de l'Humanité.

(1) Ainsi que le remarque Aristote.

Fourier donne aux lois de l'évolution des Sociétés humaines, dont il eut le premier l'intuition, le nom de lois du mouvement social, et, sauf les prémisses déistes, son exposé concorde absolument avec les théories les plus modernes de l'évolution naturelle. S'il eut songé à appliquer les mêmes raisonnements à l'ensemble des choses et des êtres, il eut surpassé Lamarck et devancé Darwin. En empruntant leur désignation à la forme du lien de sociabilité (1), c'est-à-dire de la synergie, on peut dénommer ces périodes successives :

1º Période grégaire. — Les hommes vivent en troupeaux. Cette période n'était pas admise par Fourier, mais elle a été reconnue par certains membres de l'Ecole Sociétaire ;

2º Période tribale. — Les hommes vivent en tribus. C'est à son apogée l'édénisme de Fourier, à sa décadence la sauvagerie dans laquelle l'homme, le mâle, jouit cependant des sept droits naturels (2) : chasse, pêche, etc...

3º Période patriarcale. — Elle est définie par son épithète.

4º Période dominicale. — Cette dénomination a pour contrepartie l'esclavagisme. Fourier nommait cette période par l'un de ses effets, la barbarie.

(1) Fourier déclare dans la *Théorie des Quatre Mouvements*, 2ᵉ édition, page 11, que « l'organisation du mécanisme industriel est le pivot des sociétés humaines. » La théorie des quatre mouvements a paru en 1808, c'est-à-dire cinquante ans avant le Capital de Karl Marx.

(2) Cette conception des droits naturels est soutenue avec des conclusions presque anarchistes par J.-B. Say, Traité d'Economie Politique, tome II, p. 484 à 485.

5° Période patronale. — Cette dénomination a pour contrepartie le salariat. Fourier lui attribuait, avec un sens péjoratif, le nom dont elle est si fière, celui de civilisation. Cette période comporterait quatre phases : 1° la féodalité ; 2° l'individualisme simple ; 3° l'individualisme complexe ; 4° la féodalité industrielle ou le capitalisme (type actuel les Etats-Unis de l'Amérique du Nord).

6° Période patronale réglementée ou Garantisme. — L'Allemagne actuelle tend au garantisme.

7° Période sociale. — l'U. R. S. S. prétend y avoir accédé.

8° Période amicale. — Caractérisée par la fusion affectueuse des classes.

9° Période harmonienne ou attractionniste. — Dans laquelle tous les liens d'affectivité sont employés simultanément, avec harmonie, pour donner au travail la forme du travail attrayant. L'étude des périodes 1, 2, 3, 4, 5 constitue ce qu'on peut appeler l'hyposociologie ou science des régimes antisociétaires, des régimes au-dessous de la société ; l'étude des périodes 6, 7, 8 constitue l'étude de l'association, c'est la science de l'association ou sociologie. Enfin Fourier a imaginé une période au-dessus de l'association proprement dite dont l'étude constitue l'hypersociologie. C'est la période 9 que suivent un grand nombre d'autres périodes chères aux romanciers du passé et du présent, Bulver Lytton, Jules Verne, Bellamy, Wells, et aux romanciers de l'avenir.

Chaque période, qu'elle soit antisociale, sociale ou hypersociale, a une économique, une morale, une politique qui lui est propre, ainsi qu'une formulation spéciale des sciences et des arts. Il est aussi, hélas, des erreurs particulières à chaque période. Il suit par exemple, que la morale courante d'une période, lorsqu'elle est idéalisée par la tradition, peut devenir la morale religieuse ou philosophique d'une période ultérieure, qui ne la mettra nullement en pratique, car cela serait impossible. Ainsi la morale patriarcale est, de par les livres saints du peuple juif, la morale théorique des sociétés patronales qui professent des lèvres les religions chrétienne et mosaïste, mais n'ont au fond du cœur que le culte du veau d'or, ou pour parler moins métaphoriquement que le culte de l'or. La morale, l'économique et la politique des périodes sociétaires seraient donc différentes des sciences connues sous ce nom dans les périodes insociétaires. Aussi, en période insociétaire, la franchise est-elle une impossibilité comme le démontre le Misanthrope de Molière, mais elle sera normale dans une période sociétaire. L'économie et l'épargne y auront un tout autre caractère que celui qu'elles ont par exemple dans un régime individualiste. Les règles établies en périodes insociétaires sur les devoirs des maîtres et des serviteurs, n'auront plus de raison d'être en période sociétaire où il n'y aura que des associés, etc... Les atteintes aux personnes et aux propriétés disparaîtront avec les causes qui les produisent, et l'ordre de choses qui les facilite.

MM. Colin et Capitant, dans leur *Cours élémentaire de Droit civil*, 2ᵉ édition, t. I, p. 4, paraissent se rallier à des conceptions analogues : « A un même état de civilisation, les législations, divergentes quant au moyens employés pour les mettre en œuvre, seront, toutes, l'expression d'un même Droit naturel....

Le droit naturel est universel, mais essentiellement variable et progressif. Le Droit naturel des peuples modernes diffère profondément de celui des peuples de l'antiquité. Et *celui des Sociétés de l'avenir ne différera pas moins du nôtre* ».

Voici à titre d'exemple de la méthode de Fourier, l'échelle des procédés commerciaux appliqués dans les diverses périodes (insociétaires et sociétaire). — *Traité de l'Association Domestique-Agricole*, t. I, p. 167; la 45ᵉ pièce de la cote supplémentaire des Manuscrits publiée dans La *Phalange*, mentionne des procédés différents pour les périodes 2. 3. 4, mais ce manuscrit est antérieur au Traité — :

1ʳᵉ. période : néant.
2ᵉ.　　　»　　Tribalat : compensations anticipées.
2 3/4　　»　　Sauvagerie : troc ou négoce direct.
3ᵉ　　　»　　Patriarcat : trafic ou négoce indirect.
4ᵉ　　　»　　Dominicat : les monopoles, maximations, tarifications, réquisitions.
5ᵉ　　　»　　Patronat : la concurrence individuelle, ou lutte mensongère et complicative.
6ᵉ　　　»　　Garantisme : la concurrence sociétaire ou lutte véridique et réduc-

tive des complications. L'essai en
est encore à faire.

7e période : Sociisme : la consignation continue,
c'est le procédé employé par les
organes du Commerce extérieur
de l'U. R. S. S.

8e, 9e    »    Amicisme et Harmonie : Evalua-
tions antérieures et compensa-
tions arbitrées.

Ce tableau que les économistes orthodoxes auraient qualifié de fantaisiste, est cependant conforme à ce qu'on nomme actuellement les données scientifiques.

Ainsi qu'il a déjà été remarqué, chaque période sociale a des mœurs, des procédés économiques et politiques, une explication générale du monde qui lui est propre. L'idéal moral, politique et économique d'une période insociétaire est toujours rétrograde vers un degré inférieur, quelquefois il recule de deux degrés. Ainsi l'idéal moral et politique proposé par les religions principales du régime patronal est l'état patriarcal décrit dans la Bible. Pour les peuples en période tribale, l'idéal est l'état grégaire, pour les peuples en période patriarcale, l'idéal est l'état tribal, quelquefois l'état grégaire (ainsi l'âge d'or de Saturne et de Rhée des Romains): pour les peuples en période dominicale l'idéal est le plus souvent l'état patriarcal. Dans les périodes sociétaires, au contraire, l'idéal moral, politique et économique est progressiste : l'âge d'or n'est plus derrière l'Humanité, il est devant elle.

Chaque période antisociale ou sociale peut se diviser *grosso modo*, en trois phases, une phase ascendante, une phase culminante, une phase descendante ( voir pour la division exacte d'un mouvement l'art. 1 de la Section précédente).

Une image analogue au mouvement social de Fourier se retrouve dans la *Musique et les musiciens* de Lavignac, page 439 : « A mon sens, la marche de l'art à travers les siècles peut être représentée par une spirale ascendante qui, à chaque tour, repasse par les mêmes points d'un plan vertical, mais a des hauteurs différentes, se rapprochant sans cesse d'un point placé dans l'infini qui est l'idéal. C'est la même marche hélicoïdale que celle qui transporte le Soleil, avec son cortège de planètes tournant autour de lui, pendant qu'au tour d'elles tournent leurs satellites, vers un point de la constellation d'Hercule, qui semble fuir devant son approche comme le fait l'idéal devant les efforts de l'art ».

Mais Fourier estime que le mouvement social n'est pas nécessairement hélicoïdal. La place descendante d'une période peut être évitée, car celle-ci, une fois parvenue à son apogée, se trouve munie des moyens nécessaires pour constituer la période immédiatement supérieure, faute d'opérer alors cette transformation la vieille société s'alanguit, s'use, se déprave.

Ces périodes ne sont des périodes sociales qu'à l'égard de l'Humanité, mais non à l'égard d'un peuple déterminé qui peut rétrograder d'une forme sociale supérieure à une inférieure, ou progresser en enjambant, comme écrit Fourier, une ou deux périodes. Ainsi Fourier pensait que la société égyptienne de l'antiquité eût pu facilement passer directement de la forme dominicale à la forme familistérienne, si elle eût *développé les germes* de sociisme qui avaient pris naissance en elle.

Il subsiste dans chaque forme sociale des vestiges, des formes sociales antérieures, comme il préexiste dans une forme sociale déterminée des germes des formes sociales ultérieures (1).

Enfin la fusion, pour une cause quelconque, de groupements humains à des stades sociaux différents, produit des formes hybrides ou mixtes qui, par une loi naturelle (vérifiable en biologie), retournent peu à peu à un des types fusionnés. Aussi, Fourier par analogie nomme t-il Sociétés mixtes ou neutres des Sociétés qui amalgament des caractères apparteneant à diverses périodes théoriques. Il les distingue en bimixtes et polymixtes.

Les Sociétés bimixtes donnent par exemple le tableau suivant :

(1) De même l'anatomie comparée établit que le poumon des animaux supérieurs est la vessie natatoire des poissons affectée à une autre destination.

D'autre part, il me semble avoir entendu au Muséum le savant M. Édmond Perrier, déclarer avec humour que la structure de l'estomac des Morses, etc. prouvait que les ascendants de ces animaux étaient des ruminants qui s'étaient jetés à l'eau (*sic*). Ce rapprochement des sciences sociales et des sciences naturelles à propos de la théorie de l'évolution est d'ailleurs normal, car on peut lire dans Haeckel, Religion et Evolution, édition Schleicher, page 32 : « Les sciences anthropologiques un peu plus éloignées : l'ethnographie et *la sociologie*, l'éthique et *la jurisprudence*, elles aussi, contractent des liens toujours plus étroits avec la théorie de la descendance et ne peuvent plus se soustraire à son influence. »

| Sociétés fusionnées | | Peuples historiques |
| --- | --- | --- |
| à Stade Supérieur | à Stade Inférieur | |
| Sauvagisme | Tribalat | les Peaux-Rouges de l'Amérique du Nord au XVIII<sup>e</sup> Siècle. |
| Patriarcat | 1° Tribalat | les Lapons au XVIII<sup>e</sup> Siècle. |
| | 2° Sauvagisme | les Guaranis des Réductions du Paraguay. |
| Dominicat | 1° Tribalat | les Taïtiens au XVIII<sup>e</sup> Siècle. |
| | » | les habitants du Népaul au XVIII<sup>e</sup> Siècle. |
| | 2° Sauvagisme | les Tartares au XVIII<sup>e</sup> Siècle. |
| | 3° Patriarcat | les Germains à l'époque de Tacite. |
| Patronat | 1° Tribalat | les Guanches à l'époque de la découverte des îles Canaries. |
| | 2° Sauvagisme | . . . . . . . . . . . . . . . . . . . . . . . . . . |
| | 3° Patriarcat | les Hébreux à l'époque de David. |
| | 4° Dominicat | les Maures de Grenade. |
| | » | les Spartiates de l'antiquité grecque. |

Ainsi encore l'Allemagne de 1914, si Fourier eût pu l'étudier, eût été dite par lui en forme sociale mixte : mixte de dominicat pour ses institutions politiques et ses mœurs, mixte de garantisme pour ses institutions économiques, ce qui constituait pour cette nation une supériorité sur les nations environnantes moins avancées en garantisme : c'est ce que le professeur Oswald Wirth appelait la phase d'organisation, en faisant du fouriérisme sans le savoir. Mais le triomphe militaire de l'Allemagne eût pu amener sa rétrogradation vers le dominicat par l'asservissement des travailleurs allemands ; sa défaite, au contraire, aura assuré son ascension en plénitude de garantisme tant économique que politique et moral.

Les Sociétés polymixtes sont celles qui mélangent trois ou quatre périodes et leurs caractères dans un seul système social : telles étaient, en 1808, la Société chinoise (polymixte de Patriarcat, Dominicat et Patronat), et la Société russe (alors polymixte selon Fourier, de Sauvagerie, Dominicat et Patronat).

L'étude de chaque période théorique est longuement faite, phase par phase, dans les manuscrits de Fourier, imprimés dans la revue La *Phalange*. Un résumé même excéderait les limites de ce travail. On peut trouver quelques indications sur ces points dans les consciencieux *Principes de Sociologie* du docteur Barrier, et dans la thèse de doctorat en droit de M. Nicolaï : *La Conception de l'Evolution sociale chez Fourier.* Quant à l'histoire de l'Humanité suivant cette méthode, elle est encore à écrire, bien que des essais louables aient été tentés en ce sens, notamment par le docteur Letourneau qui avait adhéré d'ailleurs à un groupement sociétaire (1).

(1) Ce rapprochement entre la doctrine Sociétaire et la doctrine de l'évolution pourrait paraître forcé : il n'en est rien. Fourier qui avait fait des études de droit à Paris en 1790 y revint suivre des cours de sciences exactes en 1797 et 1800, il assista certainement aux leçons de Geoffroy Saint-Hilaire et de Lacépède, comme le font supposer certains passages des manuscrits et sa lettre au Grand Juge. D'autre part, M. de Pompery, dans son *Introduction religieuse et philosophique à la théorie de l'Association*, publiée en 1840, relate qu'au cours de sa controverse scientifique avec Cuvier, en 1830, Geoffroy Saint-Hilaire rendit visite à Fourier pour lui demander un accord doctrinal. Comme M. de Pompéry se réfère à une Histoire de la Philosophie Zoologique en France de Victor Meunier, professeur d'anatomie et de physiologie comparée (qui devint peu après un ardent propagandiste des idées sociétaires), j'ai consulté cet ouvrage, et j'y ai relevé les concordances qui suivent :

« Une science n'est faite qu'alors qu'elle permet la prévision. ... Ce don précieux de prévoir consiste dans la connaissance des lois, et ces lois ressortissent elles-mêmes de la connaissance des rapports : d'où il résulte logiquement qu'une fois les faits suffisamment connus, c'est vers la recherche des rapports que doivent se diriger les efforts humains. » (p. 69 et 70)... « L'observation seule ne mène à rien... l'imagination abandonnée à elle-même n'enfante que chimère. Le milieu, c'est la communion des deux écoles opposées. » (p. 80). Meunier annonçait la publication prochaine d'un ouvrage intitulé : des Bases de logique naturelle, ou Traité de la Science des Transitions. » Cette logique est fondée tout entière sur les transitions, c'est-à-dire sur le mode suivant lequel la nature passe d'un ordre de phénomènes à un autre ; c'est une science tout entière encore à créer, et qui sera, on peut le dire, la clef de voufe de la science universelle. » (p. 87).

## Article III. — **L'analyse de la Civilisation et l'Examen des Sciences incertaines.**

———

L'analyse de la civilisation devait être faite dans le tome IV des œuvres complètes réservé au mouvement social, passé, présent, futur. Quant au tome V en entier, il aurait été consacré au Commerce, à sa critique et aux réformes qui pourraient lui être apportées. Les manuscrits relatifs à ces matières ont été en partie publiés dans la revue *La Phalange. Les crimes du Commerce* y sont exposés avec une ampleur digne du sujet : l'*Analyse du Mécanisme d'Agiotage* comporte 110 pages in-8°, la banqueroute est décrite en 36 espèces, etc.

L'examen de la civilisation comprend un exposé des trois phases de cette période déjà accomplies, la féodalité foncière, l'individualisme simple, l'individualisme complexe et une anticipation sur une phase qu'entrevoyait Fourier, la féodalité industrielle et financière. Après la critique des faits, Fourier passe à la critique des théories-laudatives des phases sociales passées et présentes que l'on désigne par les noms d'Economie politique, de Politique et de Morale, et il ajoute à ces trois sciences incertaines une quatrième, la théologie, dans laquelle il englobe souvent la Métaphysique et l'Idéologie. Ces quatre sciences incertaines vantent l'industrie morcelée pour se dispenser d'étudier l'industrie sociétaire.

« Après avoir ainsi esquivé leur tâche, et nous avoir égarés depuis trois mille ans, dit Fourier, elles devaient finir comme les anarchistes qui leurrent les peuples, font entrevoir une lueur de bien-être, et finissent par se déchirer entre eux ».

Fourier englobe souvent sous le nom de philosophes les métaphysiciens et les moralistes, et, en les attaquant, il ne faisait que se conformer à l'exemple qui lui avait été donné par le Prince des Economistes, puisque, si j'en crois Herschell, *Philosophie naturelle*, traduction française p. 11, Adam Smith déclarait qu'un philosophe est un individu qui ne fait rien, et spécule sur tout. Fourier les condamne péremptoirement. Les moralistes ont abusé les hommes en leur persuadant qu'ils pouvaient devenir vertueux et heureux en civilisation, car le bonheur en cette période ne peut être que le lot d'une exception, et la vertu est impossible à pratiquer dans un ordre de rapports réglés par l'égoïsme. La morale (ou moralisme) a été d'ailleurs récemment écrasée par une secte de nouveaux savants nommés Economistes : ceux-ci ont obtenu la faveur publique en produisant des dogmes favorables à l'amour des richesses que la morale, interprétée par Jean-Baptiste Rousseau, conseillait de « jeter dans le sein des mers avides », semblable en cela au renard de la fable qui trouve les raisins trop verts, parce qu'il ne peut y atteindre.

La science politique avait pour objet d'établir des garanties contre les fléaux sociaux, l'indigence, la fourberie, etc. Elle n'a pas su en inventer une seule, ni même pousser à la recherche des plus nécessaires, les garanties de travail et de subsistance. « Nos prétentions en réformes sociales, écrit Fourier dans le *Traité de l'Association Domestique-Agricole* (t. I, p. 58) n'engendrent qu'orages et déchirements : la marche de nos sociétés est comparable à celle de l'Aï (cet animal se nomme vulgairement le paresseux) dont chaque pas est compté par un gémissement. Ainsi que lui, la civilisation s'avance avec une inconcevable lenteur à travers les tourmentes politiques : à chaque génération, elle essaye de nouveaux systèmes, qui ne servent, comme les ronces, qu'à teindre de sang les peuples qui les saisissent ».

Les réformes constitutionnelles sont illusoires. « Je dédaigne, dit Fourier, de lire les chartes variables des peuples chez qui je vis, et dont je ne connais ni ne veux connaître les constitutions aussi variables que les almanachs. Dussé-je vivre cent ans, je ne lirai jamais les innombrables constitutions des civilisés ; je tiens à honneur de n'en connaître aucune, tant je les méprise toutes, depuis celle de Mirabeau jusqu'à celle de Laréveillère-Lepeaux, et autres successeurs en fabrique de chartes ».

Pas plus que le droit constitutionnel, le droit international public ne trouve grâce devant Fourier.

« Le droit politique, dit Fourier dans le volume des *Manuscrits* publié en 1851, p. 297, est l'une des mille fadaises que les civilisés ont inventé pour barbouiller du papier...

On voit des gens qui étudient sérieusement les traités et les droits des souverains, au lieu d'étudier leurs convoitises politiques, leurs moyens d'aggression ou de résistance, leurs intérêts éventuels dans les révolutions présumables. Ces gens qui étudient le droit politique disent qu'ils se destinent à la diplomatie. S'ils n'ont pas d'autres connaissances pour raisonner les intérêts des diverses cours, ils sont bons à envoyer en ambassade vers la République de Saint-Marin, qui, ne pouvant ni attaquer, ni se défendre, est la seule puissance réduite à observer rigoureusement tous les traités ».

« Les droits politiques sont fondés sur des conquêtes, massacres, etc., sur des cessions obtenues à main armée ou sur des héritages de provinces, dont la possession primitive était le fruit de la violence. Tous ces droits sont les mêmes que ceux d'un voleur au butin qu'il a fait sur les routes en assassinant les voyageurs (1).

Quand le droit politique serait fondé, que sert-il, s'il n'est garanti par aucune autorité capable de le faire observer ? Or, malgré tous les droits imaginables d'un souverain sur un royaume, son voisin peut le lui prendre, et la propriété du ravisseur est aussitôt reconnue dans le code des droits politiques. Après cela on doit s'étonner qu'il n'existe pas aussi un code pour consacrer les droits des voleurs de grand chemin ».

(1) Voltaire s'était exprimé de la même façon dans son dialogue sur le droit de la guerre: « Le code du meurtre me paraît une étrange imagination. J'espère que bientôt on nous donnera la jurisprudence des voleurs de grand chemin. »

L'économisme a éludé la recherche qui lui incombait : chercher le remède aux deux vices radicaux de l'industrie civilisée, le morcellement des travaux agricoles et domestiques d'un côté, la fourberie commerciale de l'autre. Il eut dû trouver : 1º le procédé de l'association la plus grande possible ; 2º le procédé du commerce en mode véridique. Loin de s'occuper de ces recherches, il sanctionne tous les désordres commerciaux, et encourage de fait les charlatans en association. Tout suit l'impulsion donnée par l'économisme, et, en conséquence, le corps social en entier se soumet aux rapines mercantiles « de même que l'oiseau, fasciné par le serpent, va se rendre dans la gueule du reptile qui l'a charmé » (Fourier).

Les civilisés ont reproché à Fourier ses attaques contre les sciences incertaines de son temps, mais qu'étaient donc l'Economie Politique et la Politique de cette époque, sinon, comme on va le voir, les apologies d'un grand nombre de crimes, dont certains sont actuellement sévèrement punis (1). « Professeurs de mensonge, s'était déjà écrié Jean-Jacques Rousseau, c'est pour abuser le peuple que vous feignez de l'instruire ; et, comme ces brigands qui mettent des fanaux sur les écueils, vous l'éclairez pour le perdre ». Aussi, avec quelle joie, les Socialistes du milieu du XIXe siècle relevaient-ils dans J.-B. Say une anecdote suivant laquelle Adam Smith aurait été enlevé à l'âge de trois ans par une troupe de Bohémiens. « Si l'oncle de Smith

(1) Participation à l'esclavage, propagande malthusienne, spéculation illicite, etc.

ne l'eut délivré, déclare malicieusement J.-B. Say, Adam Smith serait peut-être devenu un chef de brigands ». Il l'est devenu, s'exclamaient les Socialistes avec Colins, le bouillant colonel du champ de bataille de Waterloo, il est le chef de cette horde de publicistes qui gagnent leur vie en faisant l'éloge de l'esclavage, du servage, de la traite des nègres, de l'exploitation de l'homme par l'homme, de la concurrence anarchique, de l'inégalité dans la répartition des richesses, de l'immoralité sexuelle, de la misère, des prisons et des bagnes : et c'était un peu vrai pour certains économistes de cette période lointaine, publicistes qui s'étaient, selon la rude expression de Fourier, mis à la solde de l'industrialisme et de la finance.

Je me contenterai d'en donner deux preuves : 1° les théories des anciens économistes sur la population ; 2° leurs théories sur la misère.

A. — *Théorie des anciens économistes sur la population*. — Fourier avait pu lire dans la première édition des *Essais sur le Principe de population*, du clergymen Malthus : « Un homme qui naît dans un monde déjà occupé, si sa famille n'a pas les moyens de le nourrir ou si la société n'a pas besoin de son travail, cet homme n'a pas le moindre droit à réclamer une portion quelconque de nourriture, et il est réellement de trop sur la terre. Au grand banquet de la nature, il n'y a point de couvert mis pour lui. La nature lui commande de s'en aller, et elle ne tarde pas à mettre elle-même cet ordre à exécution ».

M. Charles Dunoyer, membre de l'Académie

des Sciences Morales et Politiques, Préfet, puis Conseiller d'Etat, reproche lui aussi aux classes ouvrières leur *fécondité bestiale*. « On ne formera pas de colonisation utile et désirable avec les myriades d'êtres étiolés et corrompus qui naissent, dans notre imparfaite civilisation, de l'abus des forces génératrices... Un des premiers besoins des familles qui visent à s'élever à une condition meilleure, est de régler dans leur sein le mouvement des naissances... C'est réellement nuire aux classes laborieuses que de leur accorder des secours abusifs, que d'alimenter leur paresse, que d'inspirer de la sécurité à leur imprévoyance, que d'éveiller prématurément leur sensibilité, que de ne pas laisser le progrès de leur éducation se subordonner naturellement à celui de leur fortune ». (*Journal des Economistes*, t. I, d'après le *Répertoire Sandelin*). John-Stuart Mill n'allait-il pas écrire : « On ne peut espérer que la moralité fasse des progrès, *tant qu'on ne considérera pas les familles nombreuses avec le même mépris que l'ivresse* ou tout autre excès corporel ».

Est-ce que, les mœurs d'Harmonie écartées et renvoyées selon l'humoriste Fourier lui-même à l'époque où la nouvelle race humaine sera amphibie, comformément aux expériences bizarres faites sur la non-occlusion du trou de Botal par MM. de Buffon et de Montesquieu, est-ce que, dis-je, Fourier n'était pas mille fois plus moral et mille fois plus « savant » en espérant diriger l'accroissement de la population à volonté par le dosage « attractif » des exercices physiques pour les deux sexes, et de la très bonne chère, sources d'infécondité connues pour les espèces animales. Cette théorie de Fourier est si juste, qu'un économiste anglais, Thomas Doubleday, en a fait le thème d'un ouvrage publié à Londres en 1845, sous le titre, *The true law of population*, et que les faits l'ont vérifiée. La conception de Fourier est d'ailleurs confirmée par cette science moderne qu'on nomme l'Eugénique.

B. — *Théorie des anciens économistes sur la misère.*

Que pensait maintenant de la misère le même Charles Dunoyer : « Il est bon qu'il y ait dans la Société des lieux inférieurs où soient exposées à tomber les familles qui se conduisent mal, et d'où elles ne puissent se relever qu'à force de se bien conduire. La misère est ce redoutable enfer. C'est un abîme inévitable, placé à côté des fous, des dissipateurs, des débauchés, de toutes les espèces d'hommes vicieux, pour les contenir, s'il est possible, pour les recevoir et les châtier s'ils n'ont pas sû se contenir » (1).

Fourier n'avait-il pas le droit de s'écrier en des termes dont on peut recommander la lecture à ceu xqui critiquent son style : « Oh vous qui avez inventé l'enfer, anciens prêtres d'Orient, vous avez sans le savoir, dit une grande vérité. Oui, l'enfer existe, l'enfer, c'est l'état d'un globe qui ignore les lois de Dieu et gémit dans les fureurs attirées par la législation humaine. L'enfer, ce sont les

_______

(1) Ces extraits sont empruntés au Répertoire d'Economie Politique de Sandelin.

états civilisés, barbares et sauvages qui ont vomi
sur cette terre malheureuse plus de calamités que
les anges de ténèbres n'en auraient jamais inventé ».

Fourier qualifiait les sciences dont il vient d'être
parlé, des sciences incertaines, mais n'était-ce pas
une paraphrase de Malthus : « Des propositions
dont les résultats pratiques dépendent de la con-
duite d'un être aussi changeant que l'homme, et
des qualités d'une substance aussi variable que le
sol, ne peuvent conduire à des vérités aussi certaines que les vérités qui ont pour objet la figure
ou la quantité » (Malthus, Introduction aux *Principes d'Economie Politique*, trad. française 1820,
p. 5). Le cercle vicieux de la surconsommation
et de la surépargne est indiqué par Malthus à la
page 14, celui de la concentration et de l'émiette-
ment territorial à la page 15. Malthus remarque
que les extrêmes dans les questions de cette nature
sont faux, mais que la solution consiste dans une
approximation (expression utilisée par Proudhon),
vers le terme moyen.

Peut-on déclarer que Fourier exagérait en déclarant que les théories des Economistes anglais
exprimaient seulement les besoins de l'industrialisme anglais, puisque l'on constate que la
thèse du libre-échange a été absolument mise à
l'écart par l'Angleterre elle-même, dès qu'elle a
senti que son intérêt particulier consistait à aban-
donner une théorie réputée antérieurement inat-
taquable. Ne peut-on pas lire, par exemple, dans
les journaux en date du 6 décembre 1925, que la
Chambre des Communes a établi des droits à

l'importation de 33 % *ad valorem* sur un grand nombre de produits industriels ?

Après avoir ainsi critiqué les phases existantes de la civilisation, Fourier esquisse la quatrième phase qui s annonce.

Article IV. — **Les voies d'issue de civilisation**

La Civilisation a commencé par les ligues de grands vassaux ou oligarques, soit nobiliaires, soit patronaux, elle doit finir par le retour des grands vassaux d'une autre espèce qui seraient les mercantiles ou chefs des compagnies actionnaires. C'est ce que, cinquante ans avant Marx, Fourier nomme la concentration actionnaire qu'il décrit en prophète. Il espérait éviter les maux propres à cette phase par le passage immédiat à une autre période sociale, et traçait les voies d'issues, les voies de métamorphose sociale que je résume en modernisant (suivant son désir), les termes de l'auteur. Cette table des vingt-huit issues de civilisation fut publiée par la revue *La Phalange*, dans un article intitulé : *Des diverses Issues de Civilisation* et comprenant 64 pages in-octavo. Si Fourier opte pour l'Association, c'est parce que c'est la voie d'issue la plus facile (*Traité de l'Association Domestique-Agricole*, t. I, p. 143).

*Tableau des voies de métamorphose sociale intégrale*

I. — *Procédés moraux.*

L'affranchissement gradué des femmes, conduisant en diverses périodes.

II. — *Procédés économiques.*

A. -- L'affranchissement gradué ou composé des travailleurs conduisant en 7e période.

B. -- Réforme commerciale :

1º Organisation véridique de la concurrence conduisant en 6e période.

2º Le monopole commercial universel conduisant en période 5 1/2 .

3º Le monopole bancaire, idem.

4º La critique générale du commerce et de la vie de ménage.

C. — Les procédés de garantisme successif ; le régime unitaire des monnaies ; le régime unitaire des assurances ; les banques rurales.

D. -- Voies d'issue par l'association :

1º L'association agricole simple conduisant en 7e période ;

2º Les expérimentations sociétaires ; le Phalanstère.

III. — *Procédés politiques.*

1º L'évolution par le capitalisme universalisé conduisant en période 5 1/2.

2º La conquête simple du globe par une seule nation, conduisant en période 5 1/2.

3º La conquête politique du globe jointe à l'unification économique, conduisant en 6e période.

4º La Révolution intégrale (voir plus bas la citation des manuscrits) pouvant conduire en 8e période.

IV. — *Procédés scientifiques.*

1º Le doute méthodique,

2º L'Algèbre Sociétaire ou calcul de la vérité supposée conduisant en périodes 7 et 8.

3º L'exploration intégrale de toutes les sciences, conduisant en diverses périodes.

4º La synthèse de l'attraction conduisant en 8ᵉ période.

V. — *Procédés techniques..*

1º L'architecture unitaire conduisant au régime unitaire des subsistances.

2º L'application de la mécanique à toutes les branches de l'activité humaine.

Fourier a disposé en série le tableau des voies d'issue, et les voies de contrainte occupent le centre de la série. Il avait d'ailleurs indiqué dans le *Traité de l'Association Domestique-Agricole*, t. I, p. 448, que la contrainte était la voie principale à employer avec les civilisés.

« Est-ce bien par la liberté qu'on peut conduire le civilisé à la sagesse ? Non : il faut le contraindre.· Tel est le civilisé, être sans raison. Il faut, pour son propre bien, employer avec lui les voies coercitives. Il n'use de la liberté que pour se porter au mal... Il n'est pas plus fait pour la liberté que les barbares bien dépeints par l'auteur de Mahomet dans ce vers pour l'Arabie : Et pour la rendre heureuse, il l'a faut asservir ». La même idée se retrouve à la p. 455 :

« Quelle palme pour les faiseurs d'utopie, s'ils eussent eu l'idée de s'associer au despotisme (on dit actuellement dictature), et de concevoir qu'avec des esprits viciés et bornés comme les civilisés, l'oppression spéculative peut devenir un ressort plus judicieux que ce fantôme de liberté dont on ne voit éclore aucun remède aux misères des peuples, aux neuf fléaux de lymbe sociale ».

Les civilisés, écrit Fourier, commencent seulement à raisonner. Ils révèrent et n'emploient dans leur politique que les procédés de contrainte, il faut donc énumérer les procédés qui sont assortis à leur goût pour la contrainte, sans les louer plus qu'il ne convient. Fourier ajoute même ironiquement qu'aux procédés admis dans nos civilisations, on pourrait en ajouter un plus plaisant qui consisterait à enfermer en réclusion dans un vaste édifice les professeurs de métaphysique, de morale, de politique et d'économie politique, jusqu'à ce qu'ils aient découvert les règles d'une Société autre que la civilisation. Il ne faudrait pas six mois de ce régime, renouvelé du Conclave, pour les amener à la découverte des procédés sociétaires.

Si la voie d'évolution par le capitalisme universalisé ne figure pas dans la Table de Fourier, elle ressort de tout son exposé sur la féodalité financière, mais comme c'est, selon lui, une voie générale d'issue très lente, il n'avait pas voulu la mentionner dans son tableau, d'autant qu'il nomme ce procédé d'évolution la mort naturelle de la civilisation.

« Qu'est-ce que la mort naturelle de la Civisation ? Expliquons-le. Cette mort serait l'évènement ou la série d'événements par lesquels la Civilisation arriverait par degrés de la 3e phase, aujourd'hui existante, à la 4e phase non encore née ; puis de la 4ᵉ phase à la première phase de la période 6, dite Garantisme ou régime des garanties sociales.

Dans ce cas, la civilisation s'éteindrait naturellement et « gradativement » (*sic*) en passant par tous les degrès de l'échelle sociale. Ce serait pour elle une mort véritable, parce qu'elle ne pourrait plus renaître, car les gouvernements et les peuples une fois parvenus à la première phase du Garantisme ne voudraient plus rentrer en Civilisation où les bénéfices et les jouissances quelconques sont beaucoup moindres qu'en Garantisme ». (« *Phalange* »: *Des diverses issues de Civilisation* p. 189).

Fourier, bien que le contraire ressorte de ses ouvrages imprimés en régimes monarchiques, avait bien pensé à la voie d'issue que Marx va considérer comme fatale, et il l'expose tout au long dans le volume des manuscrits imprimé en 1851, à la p. 313.

Il rappelle que lors de la Révolution française toutes les charlataneries sociales (*sic*) s'écroulaient à la fois, trône, sacerdoce, féodalité, agiotage. « Il semblait que le grand corps du peuple allait se purger de tous les ulcères qui le desséchaient. C'était Hercule secouant avec fracas l'Atlas dont il était chargé. Si cette crise n'eut pas été souillée de meurtres prémédités, elle serait l'époque honorable de la Politique... Le genre humain touchait à sa délivrance, l'ordre civilisé, barbare et sauvage disparaissait à jamais, si les Français, dans l'attaque des préjugés, n'eussent pas excepté le mariage.

Comment cette Convention, qui foulait aux pieds la divinité même, a-t-elle molli devant le préjugé conjugal ? C'était le dernier retranchement de la Civilisation ; elle s'y maintint pour reprendre bientôt l'offensive et rentrer dans tous ses domaines... En mollissant contre le mariage, elle a manqué l'immensité de gloire pour tomber dans l'immensité d'opprobre ». Les éditeurs des manuscrits font remarquer que Fourier se garda bien d'admettre plus tard dans l'échelle régulière des issues de civilisation, une issue par voie de violence. On peut répondre que Fourier publia ses principaux ouvrages sous le premier Empire et la Restauration, et qu'il n'eut pas pu y exprimer des opinions semblables à celles qui se trouvent dans ses manuscrits dont l'un porte d'ailleurs le sous-titre titre « Eleuthère » ou libre. (1)

A la page 314, Fourier revient sur la même idée : « On attaquait tous les genres de servitudes, la traite des nègres, l'intolérance des religions, la privation des droits sociaux, l'assujettissement aux maîtrises, la flétrissure injuste de certaines professions, l'oppression des serfs et jusqu'à celle des enfants qu'on s'étudiait à soustraire au despotisme des pédants, enfin l'on tranchait les branches de l'arbre et l'on épargna le tronc, la servitude des femmes.

---

(1) Ne déclara-t-il pas plus tard que s'il avait qualifié Napoléon Ier de Nouvel Hercule dans la Théorie des Quatre-Mouvements, c'est parce qu'alors les coups d'encensoir au Souverain permettaient seuls de pouvoir publier un ouvrage.

## Article. V. — **Les périodes sociétaires.**

Hélas, aucune des voies d'issue énoncées par Fourier ne fut suivie, et, en dépit des attaques contre la féodalité industrielle faites par Considerant et l'Ecole phalanstérienne (ainsi que le rappelle M. Truchy, à la p. 182, du t. I de son *Cours d'Economie Politique*), l'Humanité est mise en coupe réglée par la féodalité des Cartels et des Trusts. Les efforts des législateurs et des ligues de citoyens n'ont pu empêcher cette gangrène sociale. Fourier le disait bien : « Il n'est pas possible en civilisation de remédier à un mal inhérent à la civilisation, vouloir que cette société opère le bien sur un point quelconque, c'est vouloir que la ronce porte des roses ».

Puisque l'état de travail morcelé perpétue l'indigence, la fourberie, l'oppression, les guerres, les maladies malgré le progrès des sciences, il est évident que cet état est une voie diabolique, l'antipode des vues de Dieu où l'homme ne peut entrer que par l'invention de l'organisation de l'industrie sociétaire. La richesse sera alors généralisée, la vérité règnera dans toute les relations, la liberté sera effective ; l'humanité connaîtra une paix constante, elle saura par l'hygiène supprimer les maladies et, par une culture rationnelle équilibrer les températures. Les progrès scientifiques et techniques se multiplieront sans contrecoups nocifs pour une partie de la population. La confiance générale assurera l'harmonie universelle. Mais, avant d'atteindre à cette perfection, l'Humanité sera obligée de passer par des périodes de transition si elle s'en remet à l'évolution naturelle des sociétés.

Fourier nomme Garantisme la période sociale qui doit par l'évolution succéder à la Civilisation ou plutôt à la phase dite le Capitalisme. Le Garantisme est la période intermédiaire entre l'ordre insociétaire et l'ordre sociétaire, il admet le travail morcelé des familles, mais établit entre elles des solidarités ou assurances corporatives, étendues à la masse entière, afin qu'aucun individu ne soit excepté du bienfait des garanties. La propriété individuelle et le commerce sont astreints à des garanties positives et négatives. Il en est de même du pouvoir dans ses rapports avec les citoyens, et de l'Etat dans ses rapports avec les autres Etats.

Fourier craignait que l'Humanité s'enlisât dans le Garantisme ; c'est une voie lente, écrit-il, qui mettrait quelques siècles à conduire à l'intégralisme.

Qui ne reconnaîtra dans le Garantisme le programme des partis radicaux et radicaux-socialistes, ce qui n'a rien d'étonnant pour la France, si l'on considère que le parti radical y fut constitué par Louis Blanc qu'entouraient ces anciens phalanstériens: Godin, Cantagrel, Tamisier, Gagneur, etc.

Le Garantisme est la branche bourgeoise de la Science sociale, écrivait Fourier, et, en effet, les théoriciens de chacune de ses phases sont : les Economistes interventionnistes comme Blanqui aîné, Sismondi, Droz, Cauwès ; les Solidaristes, dont la dénomination fut empruntée par M. Léon Bourgeois à « Solidarité » du phalanstérien Hippolyte Renaud, avec MM. Secrétan, Fouillée, Durkheim, Bouglé, Duguit, Andler, etc. ; les Ecoles Garantistes de Colins, de Paepe, Pierre Leroux, Pecqueur, Walras ; les Garantistes d'Etat et les Economistes de la chaire : Wallace, Henri Georges, Schæffle, Lassalle, Wagner, etc.

Lorsque la Société aura suffisamment développé pendant la période garantiste les germes d'association qu'elle porte déjà en elle, l'Humanité entrera dans la période d'associationnisme, autrement dénommée le sociantisme ou depuis le Socialisme. Dans cette période social le lien de collaboration se produit sans oppression d'une classe avec égalité dans tous les échanges, c'est-à-dire avec justice. Il comportera une phase d'interventionnisme, une phase d'associationnisme simple dans une seule branche de la production, de la circulation, de la consommation, une phase d'associationnisme complexe, et enfin un associationnisme décadent d'Etat. Les possessions individuelles sont alors assujeties aux besoins de la masse. Chacun, même le plébéien le plus pauvre, est associé et propriétaire. La concurrence devient véridique, et réductive des agents de circulation. Les classes antipathiques sont conciliées. Un système fédératif relie les Etats.

L'Associationnisme ne peut être qu'une période de l'évolution sociale. Dans la période amiciste ou de sérisophie qui la suit, les liens amicaux s'ajoutent aux liens de collaboration (l'assemblage par séries des groupes de travailleurs est une des conditiohs, selon Fourier, du travail attrayant, Sérisophie signifie donc la sagesse par l'emploi des séries). L'amitié communise sentimentalement les rapports de propriété sociétaire par les concessions affectives des riches en matière de répartition. Le commerce s'exerce par consignation continue. Il y a entente amicale de tous les pays, de tous les Etats : l'égoïsme et la haine ont seuls une patrie, la fraternité n'en a pas, chantera Lamartine. Mieux, la justice régnant parmi les hommes, ils ne sont plus indifférents au bonheur des animaux. Toutes les conceptions communistes, comme tous les essais communistes, sont des velléités d' « enjambement » en cette période.

L'emploi des procédés d'amitié dans toutes les relations économiques et politiques fait surgir l'usage des autres liens affectifs, et mène à la période d'Harmonie où tous les liens passionnels sont utilisés dans ce que faute d'expression je suis obligé d'appeler la vie hypersociale. La propriété est généralisée. Le travail devient absolument attrayant. La circulation s'opère par voie de compensation. Le libre-échange est devenu une réalité car il n'y a plus ni douanes ni octroi. La répartition harmonique est équilibrée par l'enthousiasme altruiste. L'autorité est uniquement d'opinion, l'adhésion à cette opinion est purement rationnelle. Il y a unité de gestion planétaire. Alors, comme le dit Karl Marx, résumant la pensée ultime de l'Ecole Sociétaire et non celle du communisme incoordonné

(*Le Capital*, première édition française, collection
1, p. 211) : « L'individu morcelé sera remplacé
par l'individu intégral, qui saura tenir tête aux
exigences les plus diversifiées du travail, et ne
donnera, dans des fonctions alternées, qu'un libre
essor à la diversité de ses capacités naturelles ou
acquises ». (Il ne faut pas oublier que cette traduction fut vérifiée et approuvée par Karl Marx).

Et pour mieux faire admettre les merveilles
que Fourier annonçait devoir surgir dans les
périodes hypersociétaires qui suivraient l'Harmonie, Engels déclare dans le *Socialisme utopique et
Socialisme scientifique*, traduit par Paul Lafargue,
gendre de Karl Marx, à la page 23 : « L'ensemble
des conditions d'existence qui jusqu'ici ont dominé
les hommes seront alors soumises à leur contrôle...
L'humanité sortira enfin du règne de la fatalité
pour entrer dans celui de la liberté... Les hommes
deviendront maîtres réels et conscients de la nature. » C'est d'ailleurs, ce que disait, du temps de
Fourier, Lacépède dans son *Discours sur la nature
des Poissons*, œuvres compètes, t. V, p. 6 :
« Il faut annoncer les changements successifs qui
attendent encore toutes les formes, tous les organes,
**toutes les forces**. »

Les périodes futures éloignées ne peuvent être
que vaguement pressenties. Quant à la fin, à la
mort de l'Humanité, Fourier l'assimilait à la
période de décrépitude de l'homme et à sa mort.
Dans ces périodes « apocalyptiques » l'Humanité
parcourt en sens inverse le chemin suivi pour
arriver à l'Harmonie, mais cette marche est exempte

de la fièvre de la marche ascendante. Le roman du socialiste Wells, *la Machine à explorer le Temps* est sur ce point une adaptation évidente de la conception de Fourier, si propagée dans les pays de langues anglaise.

## ARTICLE VI. — **Les fondements du Code social selon Fourier et la théorie moderne de l'évolution**.

Ce serait manquer aux devoirs qu'impose la recherche de la vérité que de passer sous silence les principes déistes qui ont inspiré à Fourier la théorie du mouvement social, et les assertions fantastiques sur les créations futures qui l'avaient fait surnommer l'Arioste des utopistes.

Les fléaux (indigence, fourberie, etc.) qui sévissent durant les périodes insociétaires, doivent être attribués à l'absence dans le mécanisme de ces sociétés de quelque disposition voulue par Dieu, mais inconnue des savants. Il convient donc de la découvrir, et pour cela il faut chercher quels sont les indices de l'existence d'un code divin sur l'ordre nécessaire des sociétés humaines. L'énoncé de ce problème fait immédiatement penser à *l'Ordre naturel et essentiel des Sociétés politiques* de Mercier de la Rivière et au « *Code de la Nature* » de Morelly. Dieu, répète Fourier, a donné un code social aux animaux sociaux, mais il n'a point révélé aux hommes quel est le mécanisme social le plus convenable à leur bonheur. Il a voulu les obliger à le trouver.

L'état sauvage ne peut être l'état conforme à la nature humaine, puisque les facultés industrielles et scientifiques que Dieu a données aux hommes, les entraînent aux organisations barbares et civilisées, qui ne sont pas évidemment l'état de nature, et ne sont pas non plus le vœu de Dieu, puisqu'elles font tourner l'industrie au détriment de ceux qui l'exercent et en portent le fardeau.

Les destinées sociales sont calculées par Dieu pour la masse entière du genre humain. Il spécula sur un ordre de choses qui créât des relations d'amitié entre toutes les parties du Globe, qui les rendît toutes nécessaires les unes aux autres, et toutes intéressées au maintien de la paix et de l'association générale.

Ce fut sur cette base que Dieu établit son plan d'harmonie universelle, mais comme il ne pouvait donner à l'homme les facultés innées des arts et des sciences nécessaires à l'organisation du luxe immense qu'il méditait, il fut obligé d'admettre dans son plan un âge préparatoire, qui développât la science, les arts, les matériaux du luxe et les éléments de l'harmonie. L'unité du Globe entier doit être le but de la sagesse et de la mécanique sociale.

Les dogmes religieux des périodes hyposociétaires enseignent à tort que les lois de Dieu se bornent à régler les formes du culte et l'ordre de la Société conjugale, sans rien statuer sur l'ordre administratif et domestique, ni sur les relations industrielles. En effet, la sagesse négative des castes sacerdotales a consisté à éviter ou adoucir le mal existant. La sagesse positive et la sagesse abstraite des périodes sociétaires et hypersociétaires n'admettent d'autre mesure du bien que le contentement individuel de tous les êtres sur lesquels elles opèrent. Elles ne tiennent pour bien social que l'ordre qui peut assurer à chaque membre de la société, pendant une longue carrière, les jouissances matérielles et spirituelles, variées suffisamment pour préserver de la tiédeur et garantir le corps des excès. La sagesse négative a varié autant de fois que le mécanisme social a changé de forme, et les institutions des civilisés seront absurdes et horribles aux yeux des hommes futurs.

C'est à la raison humaine à rechercher les lois divines dont l'interprétation est donnée aux hommes par l'attraction passionnelle. Si l'attraction passionnelle, venant évidemment de Dieu (de la Nature pour les athées, ce qui est identique), engendre le mal dans les sociétés civilisée, barbare, patriarcale et sauvage qui viennent des hommes, n'est-ce pas un indice que ces sociétés sont incompatibles avec les vues de Dieu (ou de la Nature), et que l'attraction passionnelle, agent de Dieu (ou de la Nature), pourra engendrer le bien dans une autre société organisée conformément aux vues de Dieu (ou de la Nature).

L'attraction passionnelle ne conduit pas à l'Harmonie spontanément, mais sous la condition que les éléments de l'Harmonie soient disposés. Ces éléments sont : le luxe, créé par les progrès techniques de la civilisation,et la théorie sociétaire qui exige le changement des circonstances actuelles pour les adapter aux vœux de l'attraction passionnelle qui est incoercible dans le temps et dans l'espace.

Pour découvrir ces lois divines, pourquoi les savants n'emploient-ils pas le procédé algébrique, l'hypothèse d'une solution anticipée, pourquoi ne considèrent-ils pas le problème comme résolu, c'est-à-dire ne partent-ils pas de la pratique générale de la vérité, et ne calculent-ils pas les dispositions que cette pratique ferait naître. En procédant par cette méthode, ils arriveraient tout droit à la théorie de l'association générale, et par suite à celle de l'attraction passionnelle.

On peut contester la justesse des raisonnements de Fourier, mais il ne faisait que se conformer à l'enseignement donné par Montesquieu au début de l'*Esprit des Lois*.

« Les lois, dans la signification la plus étendue, sont les rapports nécessaires qui dérivent de la nature des choses ; et, dans ce sens, tous les êtres ont leurs lois : la Divinité a ses lois, le monde matériel a ses lois, les intelligences supérieures à l'homme (les êtres éthérés de Fourier) ont leurs lois, les bêtes ont leurs lois, l'homme à ses lois... Il y a donc une raison primitive ; et les lois sont les rapports qui se trouvent entre elle et les différents êtres, et les rapports de ces divers êtres entre eux... Dieu a fait ces règles parce qu'elles ont du rapport avec sa sagesse et sa puissance... Les êtres particuliers intelligents peuvent avoir des lois qu'ils ont faites ; mais ils en ont aussi qu'ils n'ont pas faites. Avant qu'il y eut des êtres intelligents, ils étaient possibles : ils avaient donc des rapports possibles, et par conséquent des lois possibles. Avant qu'il y eut des lois faites, il y avait des rapports de justice possible... (1). Les êtres particuliers intelligents sont sujets à l'erreur, ils ne suivent donc pas constamment leurs lois primitives (c'est la déchéance dont va parler Fourier).

Par l'attrait du plaisir (l'attraction passionnelle de Fourier), les bêtes conservent leur être particulier, et par le même attrait elles conservent leur espèce... La plupart ne font pas un aussi mauvais usage que nous de leurs passions... Comme être intelligent l'homme viole sans cesse les lois que Dieu a établies ».

De ces prémisses Montesquieu tire des conséquences autres que celles qu'en tirera Fourier, mais les prémisses étant identiques chez les deux auteurs, pourquoi s'extasier en ce qui les concerne sur le génie de Montesquieu et sourire des assertions identiques de Fourier (2).

La physiocratie de Dupont de Nemours ne porte-t-elle pas en épigraphe :

(1) « Il existe un ordre social préétabli concordant à la nature de l'homme pour lequel nos passions ont été faits. » Préface des éditeurs de l'Harmonie Universelle, recueil de morceaux choisis de Fourier.

(2) Il y aurait comme il a déjà été remarqué tout un travail à entreprendre sur les sources de Fourier. Celui qui le fera s'apercevra que Montesquieu a été grandement mis à contribution par Fourier, surtout dans la partie scabreuse de son œuvre (par exemple *le Temple de Gnide*) et dans la partie paradoxale (*Les Lettres Persanes*).

« *Ex naturâ, jus, ordo et leges* »
« *Ex homine, arbitrium, regimen et coercitio.*

F. Quesnay.

Je note, en passant, que dans sa critique de l'*Economie politique* (éparse dans les manuscrits), Fourier fait un grand éloge de Quesnay.

Est-ce que une encyclique récente du Pape (décembre 1925) ne vient pas de créer la fête du Christ-roi, dont la principauté comprend les pouvoirs législatif, exécutif et judiciaire, et a pour sujets tous les hommes ? Bourdaloue ne regrettait-il pas, devant Louis XIV, « la communauté que voulaient la raison et la nature, et que la corruption humaine a rendue impossible » ?

Le Père Sertillanges n'a-t-il pas déclaré qu'un catholique pourrait parfaitement être collectiviste, et, alors, les théories déistes de Fourier ne coïncideraient-elles pas avec les théories de ce catholique fictif.

Je me permettrai de plus, d'employer un procédé analogue à celui de Walras démontrant qu'un système d'échange absolument altruiste aboutirait au même résultat qu'un système d'échange basé sur une concurrence absolue (mais non truquée), en établissant qu'en partant du concept d'évolution le plus athée, on aboutit au même résultat qu'en partant du concept de la création par un Dieu..

En effet, si cette synthèse de passions qu'on appelle un homme est le résultat d'une évolution poursuivie durant des millions d'années (hypothèse paléontologique actuelle), si les différentes facultés intellectuelles, et notamment la faculté du langage, sont le résultat d'un état « social » et non de la vie isolée par couple de sexe différent, il suit que les passions créées par cette vie sociale sont incoercibles (1), que ces facultés intellectuelles s'exerceront au mieux dans un milieu intellectuel analogue à celui qui les a produites, et que certaines formes de groupements humains, que certaines formes de travail du passé n'ont été que des aberrations, qui n'ont pu se maintenir précisément sous l'impulsion de ces forces qui agissaient pour leur destruction. D'ailleurs, en certains passages, Fourier remplace le mot Dieu par le mot nature : « le sauvage ne fait sans doute pas ce calcul, mais la nature le fait pour lui ; l'attraction le dirige dans la bonne voie ».

Quant aux créations futures, on a déjà vu que Fourier, dans une note griffonnée à la fin du cahier 2 de la cote supplémentaire, déclare *qu'il faut prendre ses assertions au figuré* et non à la lettre, soyons donc aussi indulgents pour lui que pour tous les conteurs de contes bleus, et que pour Rabelais, Swift, Wells, etc. Mais, quant au principe, il est si peu discutable que M. Edmond Perrier, directeur du Muséum, ancien ami d'ailleurs de Victor Considerant, écrivait dans le journal Le *Temps* le 26 mai 1919 :

(1) Descartes avait déjà remarqué que les passions humaines n'étaient pas en elles-mêmes défectueuses : « Nos erreurs, dit-il dans les Principes de la Philosophie, sont des défauts de notre façon d'agir, mais non de notre nature. »

« L'homme deviendra le maître de la nature dont il était naguère le jouet ; il s'égalera jusqu'au créateur, qui commence à lui livrer quelques-uns de ses secrets quant à l'origine de la vie ; l'aveugle lutte pour la vie sera contenue, réglée dans ses détails, par l'intelligence humaine dont elle ne sera plus qu'un instrument, et, pas même le plus puissant, du perfectionnement des êtres ».

L'unité future de la race humaine annoncée par Fourier avait été affirmée par Lamarck, *Philosophie zoologique*, édition Schleicher, p. 223 : « On peut assurer que si des distances d'habitation ne séparaient pas les hommes, les mélanges pour les générations feraient disparaître les caractères généraux qui distinguent les différentes nations ».

Voici ce que dit M. Jules Soury dans les *Fonctions du Cerveau*, p. 356, sur les nouvelles facultés mentales du surhomme :

« Les processus psychiques qui nous semblent aujourd'hui les plus compliqués, et qui s'accompagnent de la conscience la plus intense, paraîtront un jour fort simple à nos descendants, et deviendront automatiques. L'organisation de ces processus psychiques permettra de naître à d'autre processus plus compliqués, d'ordre plus abstrait et plus élevé. »

Pour savoir maintenant comment les disciples de Fourier interprètent la conception du mouvement social de leur maître, je me bornerai à citer la note F insérée par Pellarin dans sa *Vie de Fourier*, parue en 1840, p. 515 :

«Quels sont les vrais éléments du progrès social :

nous soutenons, nous, que cet élément est l'industrie, que la réforme industrielle est l'indispensable acheminement à toute salutaire réforme d'un autre genre... L'ascension, soit à une période sociale, soit à une phase plus élevée de la période dans laquelle on se trouve, est toujours marquée par des circonstances qui augmentent la quantité des produits, et en procurent une meilleure, une plus générale distribution... Le progrès s'est beaucoup mieux, et plus souvent, frayé la route avec les outils obscurs de l'industrie... L'action incessante de ces instruments vulgaires... a décidé, plus qu'on ne pense généralement, de l'essor qu'ont pris les Sociétés humaines, et des formes mêmes que celles-ci revêtirent jusque dans leurs sommités religieuses et politiques ». Ne reconnaît-on pas les superstructures religieuses et politiques dont va parler Marx, qui écrivait dans la Préface du *Capital*, p. 11 : « Lors même qu'une Société est

(1) Dans un ouvrage postérieur *Essai critique sur la Philosophie Positive*, 1864, Pellarin revient constamment sur ces idées (pp. 75 à 80) : « Ce sont, d'une part, les penchants naturels de l'homme qui l'ont poussé à la formation des sociétés, et, d'autre part, les inventions et les perfectionnements des arts et des sciences qui ont déterminé principalement les progrès et les transformations de ces sociétés... L'état social fait beaucoup plus ses conceptions religieuses et son culte, que ces conceptions ne font l'état social, quoique je ne conteste pas l'influence relative qu'elles y exercent... Les découvertes (techniques) ont plus fait, en réalité, pour l'avancement du genre humain que tous les dogmes contradictoires qui ont été prêchés dans le monde... C'est à la part de vérité contenue dans les conceptions théologiques qu'est due toute la salutaire influence qu'elles ont pu exercer. »

arrivée à découvrir la loi naturelle qui préside à son *mouvement*, elle ne peut ni dépasser d'un *saut* (négation du saut de chaos en harmonie, terme imprimé par Fourier dans son *Tableau*), ni abolir par des décrets les phases (encore un terme de Fourier) de son développement naturel, mais elle peut abréger la période de sa gestation, et adoucir les maux de son enfantement ».

Jules Lechevalier, aucien étudiant en philosophie à Berlin, l'avait d'ailleurs écrit avant Marx dans ses *Eludes sur la Science Sociale*, p. 52 : « Dans ma liberté, je ne crois pas à un *saut* brusque en harmonie, et il me semble que beaucoup d'entre nous auront encore en civilisation leur rôle et leur mission. Nous ne sommes pas destinés, nous autres qui avons entrepris cette grande tâche, à vivre de la vie libre et bienheureuse du phalanstère ».

Auguste Comte émet une opinion analogue dans son système de Politique positive.

Sociétaristes, Positivistes, Communistes sont donc d'accord sur le problème des « enjambements ». L'expérience prouve cependant tous les jours la possibilité de ces « *sauls* » par dessus une période, et il semble que Fourier ait eu raison de les admettre.

# CHAPITRE II

___

## La Conception du Mouvement Social
## dans Karl Marx

___

Article I. — **Les rapports de Marx avec les
disciples de Fourier.**

___

D'où viennent donc ces analogies entre les idées
marxistes et les idées fouriéristes, c'est ce que je
vais essayer d'établir, tant par l'examen des textes
que par le rappel des circonstances qui ont pu
amener Marx à recevoir l'empreinte harmonienne
à un point tel que l'idéal phalanstérien est
devenu l'idéal social de Marx, par là l'idéal social
de Lénine, et de tout le prolétariat communiste
mondial qui ne s'en doute guère.

C'est à la suite d'un article (*Esquisse d'une critique de l'Economie Politique*), publiée en 1844 par
Engels dans les *Annales franco-allemandes* de
Karl Marx et d'Arnold Ruge, que Marx entra en
relations avec Engels. Le *Bulletin Communiste*,
qui a reproduit cet ancien article, déclare qu'on y
trouve une foule d'emprunts faits à Sismondi et à
Fourier. En 1846, F. Engels publie dans le *Deuts-
ches Bürgerbuch* un article intitulé : *Un Fragment
de Fourier sur le Commerce* (voir Stammhammer,
*Bibliographie de Socialisme*, t. I, p. 72).

Le socialisme allemand, en effet, fut imbu à l'origine de la pensée sociétaire comme l'indique Arnold Ruge dans un passage où il qualifie Fourier de « Père du Socialisme ». En 1835, sous le pseudonyme d'Evander, paraissait à Heidelberg un volume sur *Charles Fourier et son système*. Le prospectus des publications de l'Ecole Sociétaire d'août 1836, signale un ouvrage de Schneider dont je traduis le titre allemand : *Le Problème de l'époque et sa solution par l'Association*, brochure in-12 parue à Gotha. En 1841, un autre volume sur le système social de Fourier est imprimé à Freihofen. Un article de Guyonnaud, inséré dans la *Phalange* en 1847, indique qu'un cercle de Francfort, connu sous le nom de Cercle de lundi, et comptant près de huit cents membres, fut signalé à la Diète germanique comme étant composé presque en entier de Phalanstériens. Strohmeyer, qui avait fait adhésion à la doctrine de Fourier, publiait un ouvrage sur l'organisation du travail, et rédigeait à Constance un journal intitulé *Le Héraut du Jour*. Weitling (né le 5 octobre 1808 à Magdebourg, mort le 25 janvier 1871 à New-York où il était réfugié depuis 1849), initiateur des Associations Ouvrières en Allemagne, reconnaissait s'être inspiré des idées du promoteur du Phalanstère.

Il faut admettre que Marx, dès le début de son existence de publiciste fut séduit par les idées de Fourier, puisque sa « *Misère de la Philosophie* », fut une réponse à la « *Philosophie de la Misère* » où Proudhon raillait si cruellement les Fouriéristes et les Communistes.

Dès 1850, on voit Karl Marx collaborer régulièrement à une publication fouriériste.

« Pendant les premières années de la période 1850-1860, surtout par les efforts de M. Charles H. Dana, Marx fut engagé à écrire une série d'articles pour la *Tribune*, de New-York, qui, sous la direction de Horace Greely consacrait énormément d'attention au mouvement socialiste fouriériste dans les Etats-Unis » (Séligman, *L'Interprétation économique de l'Histoire*, traduction française, p. 44).

Marx était d'ailleurs depuis quelque temps en rapport avec les Fouriéristes. J'ai trouvé aux Archives Sociétaires la note suivante, sans date, sur les socialistes de Cologne (elle doit être de 1849) transmise à Considerant :

« E. Engels, l'un des rédacteurs de la *Nouvelle Gazette Rhénane*, c'est un homme très actif, socialiste, mais plutôt critique (*sic*) et négatif. Il se rapproche (*sic*) plus de Proudhon que de Fourier, mais il trouverait une agence pour vous à Cologne et vous obligerait de toutes les manières.

Karl Marx, Rédacteur du même journal. C'est un des socialistes critiqués le plus pénétrant (*sic*) de toute l'Allemagne. Son journal *La Nouvelle Gazette Rhénane* a beaucoup d'influence, il faut lui envoyer la *Démocratie Pacifique* et le nouvel ouvrage de Considerant ».

C'est précisément au moment où Considerant doit quitter Pars, le 13 juin 1849, que Marx débarque à Londres où il se trouve bientôt dans la misère (y eut-il corrélation voulue entre le mouvement politique français et le mouvement politique allemand (?) Marx dut se mettre en rapport avec les Fouriéristes de Londres, et c'est par eux évidemment qu'il obtint cette collaboration à la *New-York Tribune* qui lui permit de trouver quelques subsides. Il faut aussi  noter que dans le volume intitulé « *Du Texas* » octobre 1857), Considerant emploie en s'adressant à ses amis, l'épithète de « Frères » qu'il n'employait jamais auparavant et qui était utilisée parmi les communistes allemands.

ARTICLE II. — **La Critique sociale de Marx et l'influence de Fourier**

Les citations de Fourier abondent dans le premier volume du *Capital* de Karl Marx, première traduction  française (voir par exemple, p. 166 colonne 2 ; p. 184, colonne 2 ; p. 193, colonne  2 ; p. 306, colonne 1 ;  p. 306, colonne 2). Il convient aussi de comparer ce qu'écrit Karl Marx dans le même volume sur les conséquences de la soupe à la Rumford (Rumford était mort en 1814) avec un article de 1814 de Fourier, inséré dans les *Manuscrits* imprimés en 1853-1856 à la page 42. On est prié de se reporter au tableau des méthodes commerciales dans le *Capital* et au tableau des mêmes méthodes, dans le volume de Fourier qui  vient d'être cité, p. 54. On peut aussi comparer à la page 337 du *Capital* un article du volume de Fourier précédemment indiqué (p. 206 à 213) sur les emprunts publics. (1)

Il peut être même relevé dans le *Capital* de Marx un emprunt de forme à Fourier. La traduction du premier volume du *Capital* a une postface conformément à la dogmatique et à la langue de Fourier.

Marx fit d'ailleurs, toujours de grands éloges de Fourier. En 1873, *L'Almanacco républicano* pour 1874, publié à Nodi, contenait un article de Marx, l'*Indifferenza in materia politica*, reproduit depuis dans le *Mouvement Socialiste*, et ensuite dans le *Bulletin Communiste*, on peut y lire : « Les premiers socialistes (Fourier, Owen, Saint-Simon), se bornèrent nécessairement à la description de la société future... Mais si nous n'avons pas le droit de renier ces patriarches du Socialisme,etc.»

La célèbre brochure de Engels sur *le Socialisme utopique et le Socialisme scientifique* contient un éloge magnifique de Fourier : « Nous, nous mettons notre joie à rechercher les germes de pensées géniales que recouvre cette enveloppe fantastique et pour lesquels ces Philistins n'ont pas d'yeux ».

La théorie de Marx sur la concentration des capitaux concorde avec la concentration actionnaire de Fourier. Elle ne diverge qu'en ce qui

---

(1) Qui ne connaît la phrase célèbre de Karl Marx sur la genèse du capital : « Le capital arrive au monde suant le sang et la boue par tous les pores. » (Le Capital, page 340, c. 2). Mais ne serait-ce pas une paraphrase de Fourier (Egarement de la raison, p. 63) : « Le crime est en tout sens l'âme de la civilisation ; elle se repaît de crimes comme le corbeau se nourrit de viandes corrompues. »

concerne la voie d'issue, et encore, dans l'article
précité de l'Almanach républicain, Marx tient
à excuser Fourier sur ce point (car Owen et Saint-
Simon nommés en seconde ligne sont là pour la
forme) et il déclare que le socialisme n'était pas
à l'époque de ce patriarche du socialisme assez
développé pour permettre à la classe ouvrière de
se constituer en Parti politique distinct, organi-
sant la lutte de classe et triomphant par la dicta
ture du Prolétariat (1). Il sous-entend donc que
Fourier n'a pu concevoir cette voie d'issue (ce
en quoi il se trompe) et il l'en excuse. Or, c'est
précisément cette thèse catastrophique de Marx
qui, de toutes ses thèses, est la plus battue en
brèche, bien qu'elle soit souvent confondue avec
la voie d'issue révolutionnaire qui est bien différente (1). Marx est même sur ce point plus timide
que Fourier, puisqu'il déclare que les révolutions
ne peuvent permettre d'enjamber en périodes
sociales plus avancées. « Lors même qu'une société
est arrivée à découvrir la loi naturelle qui préside
à son mouvement, elle ne peut ni dépasser d'un
saut, ni abolir par des décrets les phases de son

(1) Selon Marx (Alinanacco republicano) Fourier n'aurait pas
posé la question sociale, mais, alors, pourquoi trouve-t-on à la
page 184, col. 2, de la première traduction française du *Capital*,
la phrase suivante sur les bagnes capitalistes (expressions de
Fourier passée depuis dans le langage de tous les agitateurs) :
« Fourier a-t-il donc tort de nommer les fabriques des bagnes
modérés. » Cette citation est empruntée, je le suppose, à la
Faune Industrie, tome I, à un passage où Fourier traite de
l'esclavage.

(2) Je me demande si la distinction a été souvent faite.

développement naturel, mais elle peut abréger la période de la gestation et adoucir les maux de leur enfantement ». (Le *Capital*, Préface, p. 11)

Quoi qu'il en soit, Marx coïncide le plus souvent avec Fourier tant dans la partie critique de son œuvre, que dans la partie constructive.

L'analyse de la féodalité financière, c'est-à-dire du capitalisme financier, est la même dans les deux Ecoles. L'expression féodalité financière est indubitablement due à Fourier qui déclare que la Civilisation a commencé par la féodalité des grands vassaux et se terminera par une féodalité inverse, la féodalité financière.

Cette expression est reprise telle quelle par les marxistes, et en janvier 1926, une affiche de la C. G. T. la reproduisait sur tous les murs de Paris. A leur tour, les néo-marxistes baptisent impérialisme financier ce que les disciples de Fourier nommaient féodalité financière. M. Boris Souvarine écrit dans *le Bulletin Communiste* : « La dernière phase (expression de Fourier) du capitalisme, la dernière, dit Lénine, est la substitution des monopoles à la concurrence libre (prévision du seul Fourier). La concentration de l'industrie, la concentration des capitaux dans les grandes banques, puis la fusion des banques avec l'industrie, tel est le processus de création du « capital financier ».

Enfin, l'exportation des capitaux à l'étranger, l'internationalisation des monopoles, constituent dans le monde de grands groupes capitalistes rivaux qui entrent en lutte pour se partager le domaine d'exploitation. Telles sont les principales caractéristiques du capitalisme d'aujourd'hui que les communistes appellent impérialisme, ou capitaliste impérialiste. L'impérialisme, c'est donc le nouveau capitalisme caractérisé par l'exportation des capitaux, alors que l'ancien capitalisme était caractérisé par l'exportation des marchandises. « L'impérialisme, ajoute Lénine, ou règne du capitalisme financier (ce qui pour lui est tout un) est la dernière phase (*sic*) du capitalisme, celle qui précède immédiatement le socialisme ».

Un article de Boukharine paru dans le même *Bulletin Communiste* sous ce titre, *Projet de programme de l'Internationale communiste*, déclare que la concurrence (2e phase de civilisation selon Fourier), qui avait remplacé le monopole féodal (1re phase), se transforme elle-même en monopole du capital financier (4e phase et expression de Fourier). Le régime communiste, continue Boukharine, est pour l'Humanité la seule issue (*sic*) (p. 150 *du Bulletin Communiste*).

---

ARTICLE III. — **La partie reconstructive de Marx est nettement phalanstérienne**

---

Mais c'est surtout dans la partie reconstructive du marxisme qu'on aperçoit avec une netteté saisissante la filiation fouriériste.

« L'état social où doit aboutir la marche générale fatalement imposée à tous les peuples est cette formation économique qui assurera, avec le plus grand essor du pouvoir productif du travail social, le développement le plus intégral de l'homme ». (Marx, Réponse à Nicolas Michaïlowki, parue dans le *Bulletin Communiste*, p. 266, sous ce titre : *Un aperçu de Marx sur le développement économique en Russie*).

La doctrine sociétaire pourrait bien être au fond le système social de Karl Marx qui, ainsi que Engels, n a jamais caché ses sympathies pour une doctrine que ne pouvaient comprendre les « Philistins » (sic).

« La Société, écrit-il dans le *Capital*, doit être une réunion d'hommes libres travaillant avec des moyens de production communs, et dépensant d'après un **plan concerté** leurs nombreuses forces individuelles comme une seule et même force de travail social... Le produit total des travailleurs est un produit social. Une partie sert de nouveau comme moyen de production et reste sociale ; mais l'autre partie est consommée et par conséquent doit se répartir entre tous. **Le mode de répartition variera suivant l'organisme producteur de la société et le degré de développement historique des travailleurs**. Supposons, pour mettre cet état de chose en parallèle avec la production marchande, que la part accordée à chaque travailleur soit en raison de son temps de travail ; le temps de travail jouerait ainsi un double rôle : d'un côté sa distribution dans la société règle le rapport exact des diverses fonctions aux divers besoins ; de l'autre il mesure la part individuelle de chaque producteur dans le travail commun et, en même temps, la part qui lui revient dans la partie du produit commun réservé à la consommation. **L'individu morcelé sera remplacé par l'individu intégral qui saura tenir tête aux exigences les plus diversifiées du travail, et ne donnera, dans des fonctions alternées, qu'un libre essor à la diversité de ses capacités naturelles ou acquises ».**

(Karl Marx, *Le Capital,* 1er volume 1re édition française, p. 211, colonne 1).

Pour qui connaît les œuvres de l'Ecole Sociétaire, cette phrase de Marx est absolument phalanstérienne : c'est la théorie du travail attrayant (libre essor) en séances courtes et variées (fonctions alternées) par le jeu des attractions (diversité des capacités naturelles ou acquises) qui fera de l'être humain actuellement morcelé un homme intégral (le terme d'homme intégral ou d'individu intégral se trouve employé avec ce sens dans la *Fausse Industrie,* de Fourier).

Le parti communiste français a accepté cette même thèse marxiste (!) puisqu'on peut lire dans le *Résumé du Communisme* de M. Rappoport, qui parut, un de ces derniers premier mai, encarté dans l'Humanité, organe quotidien dudit Parti :

« Le travail bien réglé et mesuré deviendra *attrayant.* Il deviendra un plaisir et une joie, car le travail est nécessaire à la santé physique et morale de l'homme ».

Marx veut encore, comme Fourier qui y voit une attraction naturelle, que tous s'adonnent aux travaux manuels : « Le raccourcissement de la journée de travail trouve sa dernière limite dans la généralisation du travail manuel » (*Le Capital*, p. 228, colonne 2). Il est en effet impossible qu'une personne qui admet la spécialisation des fonctions, se dise socialiste, car dans ce cas le socialisme serait l'oppression et l'esclavage. Ceux qui demandent la division des fonctions établissent comme Platon, une société avec une classe opprimée ou, comme les Positivistes, une société avec une classe de citoyens inférieurs. Les Communistes l'ont si bien compris qu'ils demandent l'alternance des travaux, espérant ainsi résoudre l'antinomie du communisme et de la liberté. On peut consulter à ce sujet Morus, Cabet et Tolstoï, ce dernier a fait de cette thèse le sujet de l'ouvrage intitulé *Travail* qu'il rédigea avec Bondaref. Bulwer Lytton, dans le roman qui a pour titre *La Race Future*, montre le père de son héroïne, cordonnier le matin et chef d'Etat le soir.

Lénine lui aussi se réfère dans le futur à l'idéal sociétaire :

« Par l'intermédiaire de ces syndicats industriels s'accomplira la suppression de la division du travail entre les hommes. On passera à l'éducation, à l'instruction et à la formation d'hommes universellement préparés et développés, d'hommes sachant tout faire. C'est à cela que va, que doit aller, qu'ira le communisme, mais au cours d'un grand nombre d'années... Tenter de dépasser, pratiquement, dès aujourd'hui, ce résultat futur du communisme parvenu au terme de son complet développement, de sa simplification absolue, de son épanouissement intégral et de sa maturité, équivaut à vouloir rendre mère une fillette de quatre ans. Dans le meilleur des cas c'est une plaisanterie imbécile ou une gaminerie stupide ; dans le pire, une malpropreté et un crime. » (*La Maladie Infantile du Communisme*, p. 48).

Qui eut pu penser que Fourier allait faire figure d'esprit avancé en le comparant aux sommités du communisme (1), puisqu'il écrit : « Les esprits timides et modérés s'attacheront à la théorie du garantisme, où l'on obtient qu'un bonheur médiocre, dont les moindres dispositions exigent vingt ans de travaux et les principales trois siècles avant d'arriver à terme ». Son but était beaucoup plus haut et il espérait cependant y atteindre plus rapidement par l'association intégrale des Epargnistes, des Travailleurs et des Techniciens (qui devait conduire à la supersociété qu'il avait entrevue et à la transformation universelle.

Aussi, les Sociétaristes ont-ils souvent fait appel

(1) Est-il nécessaire de relever la présence et les discours des membres dirigeants du Parti Communiste français aux meetings de protestation organisés par les commerçants parisiens le 3 mars 1926. Voir aussi l'article de l'Humanité du 7 mars : La Russie des Soviets et le petit commerce.

Je lis pourtant dans les notes diverses de Fourier (voir un des volumes des Manuscrits, pages 113 et 114) : « Anathème à qui n'attaque le commerce et le mensonge. Rousseau défendit mieux la vérité, il condamna les sociétés, il vanta la sauvagerie, et il fut loué malgré ce sophisme parce qu'une vertu forte plaît aux hommes... La religion avec le commerce, c'est Jésus avec Bélial... Le caducée est une plaisante rencontre allégorique... Il ne faut pas analyser le serpent (commerce), il faut le tuer... Les modernes ont frisé la vérité par Quesnai... Voir le dernier marchand à son dernier soupir ! »

à la masse socialiste et même à leurs chefs dont les pensées émanent historiquement de la pensée de Fourier ; pour reprendre une expression de Considerant, l'Ecole Sociétaire les a toujours considérés comme des « frères » qui reviendront à la doctrine, à l'orthodoxie dont leurs devanciers se sont peu à peu éloignés. C'est ce que reconnaissait bien avant 1848 un des ancêtres du Parti Socialiste allemand, Arnold Ruge. Voici ce qu'il écrivait dans *Deux ans à Paris* : « Le père de tous les systèmes qui, sous le nom de socialisme, agitent en ce moment la grande société française, et qui se produisent partout dans la littérature, parfois sans avoir même conscience de leur origine, est incontestablement Fourier. Il joue le même rôle en France que chez nous Hégel, il prête des armes à tous les partis. Les conservateurs aiment sa polémique contre la philosophie et la révolution, tandis que sa critique de la civilisation, du commerce, de la famille, du moralisme, et de la politique plaît aux révolutionnaires ». Et Ruge, ami et collaborateur de Marx ajoute cette phrase à méditer : « Après avoir sérieusemnt étudié les ouvrages de Fourier et de ses disciples, je m'approchai de ceux-ci avec plus d'assurance et *je me plus beaucoup dans leur société* ». M. Paul Leroy-Beaulieu est du même avis que Ruge : « Quand on examinera l'histoire des idées de ce siècle avec attention et impartialité, on verra que le grand homme qui a produit le Socialisme, c'est Fourier et non Karl Marx ». (*Traité théorique et pratique d'Economie Politique*, t. I, p. 443).

M. Paul Leroy-Beaulieu ajoute au nom de
Marx l'épithète d'esprit haineux et négatif. Je
ne voudrais pas m'associer à ce procédé de polémique qui consiste à exhausser un auteur pour
en rabaisser un autre et avoir l'occasion de l'in-
jurier, je suis cependant amené à remarquer que
M. Paul Leroy-Beaulieu constate à la même page
que Karl Marx a dérobé à Fourier l'expression
d' «armée industrielle», mettons qu'il l'a empruntée.
Dans une note de la page 146 du même tome I,
l'auteur appelle l'attention sur la conception du
mouvement social par le père incontestable du
Socialisme : « Aujourd'hui toute l'attention est
portée en ce qui concerne le socialisme sur Karl
Marx ; on a peine à comprendre l'engouement
dont s'est pris le public pour un simple sophiste,
un esprit absolument négatif, plagiaire, d'ailleurs
de Proudhon (Cela ne me paraît pas exact, de
plus l'originalité de Proudhon est contestable),
comme on le verra plus loin ; tandis qu'on laisse
dans l'ombre Fourier, ce rêveur si sympathique,
si fécond en combinaisons positives, la plupart,
il est vrai, extravagantes ( Ce n'est pas plus certain que le plagiat reproché à Marx), contenant
toutefois, non seulement des lueurs, mais
*d'abondants jets de lumière sur l'évolution des
Sociétés futures* (1) (L'Economie Politique est
donc au moins une science variable).

Les œuvres de Karl Marx, au point de vue

_____

(1) Le sociétariste Fourier, le communiste Karl Marx et l'économiste Paul Leroy-Beaulieu seraient donc d'accord sur ce
point !

des applications possibles sont des œuvres mortes (c'est une erreur, puisque, comme il vient d'être démontré, l'idéal marxiste se confond avec l'idéal phalanstérien) ; celles de Fourier sont pleines de vie. Nous avons cru devoir consacrer à Fourier l'un de nos cours au Collège de France, en 1890-1891 ».

Les appréciations élogieuses de Fourier abondent dans l'ouvrage de M. Paul Leroy-Beaulieu, je les reproduis, car elles constitueront la meilleure des conclusions, mais je déclare désapprouver les attaques contre Karl Marx qu'elles contiennent. « *Admirable, quoique folle imagination* », (t. I, p. 369).

« Fourier a été en quelque sorte le poète du travail fait en grande réunion. » (I page 443)

« Un écrivain socialiste, aujourd'hui trop oublié et sacrifié à la gloire nouvelle de successeurs très inférieurs à lui, Fourier. » (I page 145)

« Cet esprit si ingénieux, si fécond, si hautement supérieur aux sophistes purement négatifs qui ont imprimé leur marque au socialisme contemporain » (t. I, p. 369).

«-Si nous avons fait cette citation, c'est non seulement pour rendre à Fourier *son rang qui est le premier parmi les socialistes* (il dépasse, en effet, de cent coudées en imagination et en fécondité d'esprit Karl Marx). » (t. I, p. 150).

Soyons plus juste, Karl Marx a complété ou rectifié Fourier sur certains points, il a continué la critique de l'Economie Politique commencée par son prédécesseur ; mais on ne peut rien com-

prendre à l'œuvre de Karl Marx, et par conséquent rien en tirer, si l'on ne connaît pas la filiation fouriériste de ses principales conceptions.


Vu :

Le Doyen,

H. BERTHÉLEMY

Le *Président de la Thèse*,

Albert AFTALION


Vu et permis d'imprimer :

*Le Recteur de l'Académie de Paris*,

F. LAPIE

# TABLE

### des Auteurs et des Personnages
### cités dans l'ouvrage

# TABLE DES MATIÈRES

Imprimerie Caennaise, 16, rue Froide, Caen. — Tél. 0-30

# ERRATA

Page 8, ligne 15, *au lieu de* certaines loges, irrégulières survivances, *lire :* certaines loges irrégulières survivances etc. ;

« 23, ligne 15, *au lieu de* molidiés, *lire* modifiés ;

« 25, ligne 5, *au lieu de* écrivait, *lire* vivait ;

« 45, *avant dernière ligne,* mettre un point et virgule après : des méthodes ;

« 85, ligne 16, *lire* nomme-t-il ;

« 97, ligne 22, *au lieu de* peut-on déclarer, *lire :* peut-on dire ;

« 98, ligne 2, mettre un point d'exclamation au lieu d'un point d'interrogation ;

« 108, ligne 22, *lire* « œuvres complètes » ;

« 120, ligne 15, *au lieu de* Cercle de lundi, *lire :* Cercle du Lundi ;

« 121, ligne 24, *au lieu de* critiqués, *lire* critiques ;

« 124, note 1, avant dernière ligne, *lire* Fausse Industrie ;

« 143, ligne 3, *au lieu de* succinte, *lire* succincte.

9 782329 557748